सभ्यता के मूल आधार

सभ्यता के मूल आधार

(विकासक्रम और विश्व की प्रमुख सभ्यताओं के उत्थान एवं पतन के विशेष उल्लेख सहित)

डॉ. रवीन्द्र कुमार

GYAN

ज्ञान पब्लिशिंग हाउस
नई दिल्ली - 110002

सभ्यता के मूल आधार

मूल्य: 360

ISBN: 81-212-0931-5

भारत में सन् 2006 में प्रकाशित
ज्ञान पब्लिशिंग हाउस,
5, अंसारी रोड, दरियागंज
नई दिल्ली-110002
फोन: 23282060, 23261060, फैक्स: 23285914
ई-मेल : books@gyanbooks.com
वेबसाइट : http://www.gyanbooks.com

लेजर टाइपसेटिंग: *शगुन ग्राफिक्स*, दिल्ली
मुद्रित: *सालासर एमेजिग सिसटम*, दिल्ली

अनुक्रमणिका

आत्मकथ्य

वर्ष 2001 में एशिया और यूरोप के कुछ विश्वविद्यालयों, विशेष रूप से आलबर्ग विश्वविद्यालय, डेनमार्क तथा माहीडोल व थमासाट विश्वविद्यालय, बैंकाक, थाईलैण्ड ने "सभ्यता के मूल आधार" विषय पर व्याख्यान देने का निमंत्रण मुझे भेजा था। थमासाट व माहीडोल विश्वविद्यालयों में तो मैं किन्हीं कारणों से 2001 में व्याख्यान देने जा नहीं सका था, लेकिन इसी वर्ष नवम्बर माह में डेनमार्क के आलबर्ग विश्वविद्यालय में उक्त विषय पर अपने विचार मैंने रखे। इसी के साथ सिल्केबर्ग[1] में कुछ साथियों के साथ और भारत में एक दो सार्वजनिक कार्यक्रमों में अपने द्वारा दिए गए व्याख्यानों में भी इस विषय से सम्बन्धित प्रमुख बिन्दुओं की चर्चा मैंने की। श्रोताओं ने मेरे व्याख्यान और विषय से सम्बन्धित चर्चा को पसन्द तो किया, लेकिन दोनों, अर्थात व्याख्यान व चर्चा को अपर्याप्त, अथवा स्पष्ट शब्दों में कहूँ तो अधूरा माना। ऐसा करते हुए श्रोताओं का मत था कि चूँकि विषय रोचक होने के साथ ही महत्त्वपूर्ण है; मानव के प्रारम्भिक इतिहास के काल से जुड़ा है और मनुष्यों के उत्थान एवं पतन की कहानी इससे सम्बद्ध है, इसलिए इस पर विस्तार से चर्चा होनी चाहिए।

---

1. आरहुस के निकट, डेनमार्क का ही एक छोटा-सा नगर।

श्रोताओं का तर्क निश्चित रूप से सही था। बहुत अधिक नहीं तो पर्याप्त चर्चा तो इस विषय पर होनी ही चाहिए, ऐसा मैं भी मानता था, अभी भी मानता हूँ। लेकिन मेरे व्याख्यान का समय ही जब 40 से 50 मिनट के मध्य निर्धारित किया गया हो, तो जो मेरी विवशता रही होगी, उसे सहज ही समझा जा सकता है। मैंने, तो भी, अपने व्याख्यान व अपनी चर्चाओं के समय ही अवसर मिलने पर इस विषय पर पर्याप्त विस्तार से लिखने का मन बना लिया था। तदोपरान्त मैंने सभ्यता के विकास से सम्बन्धित अनेक विचारधाराओं, मिस्र, मैसोपोटामिया, यूनान, चीन, भारत तथा कुछ अन्य प्राचीन सभ्यताओं से जुड़े घटनाक्रमों और इन सब पर विशेषज्ञों की टिप्पणियों का अवलोकन करने का प्रयास भी किया। इस सबसे जो परिणाम निकला, वह अब आपके समक्ष है "सभ्यता के मूल आधार" शीर्षक से तैयार की गई इस पुस्तक के रूप में।

उस मूल व्याःख्यान में, जो मेरे द्वारा आलबर्ग विश्वविद्यालय में दिया गया था, सभ्यता के विकास में आर्थिक पहलू का महत्त्व एवं भूमिका का उल्लेख न के बराबर था, जबकि यह पहलू तनिक भी अनदेखी किए जाने योग्य नहीं है, भले ही सभ्यता के मूल आधारों- अहिंसा, नैतिकता और स्वतंत्रता के अनुकूल रहने की इससे मेरी अपेक्षा हो। इसलिए इस पुस्तक में इस बिन्दु पर एक पृथक अध्याय के अन्तर्गत चर्चा की गई है। मैं आशा करता हूँ कि पाठकजन मेरे इस प्रयास को न्यूनाधिक लाभप्रद पाएँगे। यह भी विश्वास है कि वे लोग बेबाक होकर इस पुस्तक के बारे में मुझे अपने विचारों व सुझावों से

अवगत कराएँगे ताकि, यदि आवश्यक हुआ, तो इसके अगले संस्करण में मैं उनकी इच्छा के अनुसार संशोधन करने का प्रयास कर सकूँ।

श्री मनोज कुमार 'मनोज' एवं श्री दिनेश कुमार गुप्ता सहित उन सभी लोगों का, जिन्होंने इस पुस्तक की तैयारी में किसी भी रूप में मुझे सहयोग दिया है, अथवा पाण्डुलिपि को पढ़ने में मेरी सहायता की है, मैं हृदय से आभारी हूँ।

– रवीन्द्र कुमार

23 बी, लेनः 2
मानसरोवर, सिविल लाइन्स,
मेरठ-250001, भारत
दूरभाष : (0121) 2645551
ई-मेलः ravindrakumar5@hotmail.com
ravindrakumar5@rediffmail.com
ravindrakumar5@sify.com

1

विषय प्रवेश

सामान्य परिचय

लाखों वर्ष पूर्व से ही पृथ्वी पर मनुष्य सहित भिन्न-भिन्न आकारों, रूपों अथवा श्रेणियों के दूसरे प्राणियों का भी अस्तित्व रहा है। सामान्यतः हम यह स्वीकार करते हैं कि सभी प्राणियों में आत्मा होती है। आत्मा क्या है? काया में इसका स्थान कहाँ है? इसका स्वरूप कैसा है? मैं यह सब कुछ निर्धारित करने का कार्य आप पर छोड़ता हूँ। इस सन्दर्भ में अनेक मत व्यक्त किए गए हैं।[1] आज भी बहुत सारे तर्क दिए जाते हैं, न केवल भारत अथवा पूर्वी दुनिया में, अपितु पश्चिमी संसार में भी। आप अपनी इच्छा के अनुसार जैसा भी चाहें, निर्णय उक्त विषय में ले सकते हैं। 'सभी में आत्मा होती है'[2], इस बात को मैं भी दृढ़ता के साथ स्वीकार करता हूँ, लेकिन साथ-ही-साथ मैं यह भी उतनी ही दृढ़ता के साथ स्वीकारता हूँ कि आत्मा होने के बावजूद 'सभ्य' (शब्द), जिससे 'सभ्यता' का निर्माण हुआ है, को केवल मानव के साथ ही जोड़ा गया है, किसी अन्य प्राणी के साथ नहीं।

अपनी प्रारम्भिक अवस्था में, जिसे अनेक ने प्राकृतिक अवस्था भी कहा है, कहा और माना जाता है कि अनेक दूसरे जानवरों की ही भाँति मनुष्य का निवास भी वृक्ष ही थे। वे उस समय वस्त्रहीन थे। उनका कोई स्थायी वास नहीं था। वे किन्हीं निर्धारित वृक्षों पर ही रहते थे, ऐसी बात भी नहीं थी। कोई एक आज इस वृक्ष पर तो कल दूसरे

पर पहुँच जाता था। इस समय मनुष्य का व्यवहार भी जंगली जानवरों के जैसा ही था। एक मनुष्य दूसरे मानव को मारकर भी खा जाता था। इसके अतिरिक्त पशु-पक्षियों का कच्चा मांस, कन्द-मूल अथवा फल आदि, सामान्यतः उसके भोजन में सम्मिलित थे। मनुष्य झुण्ड में निकलते थे, तो अन्य जानवर भी तो ऐसा ही करते थे; आज भी करते हैं। लेकिन इतना होने पर भी मनुष्य उस समय अन्य प्राणियों से भिन्न था और भिन्नता के पीछे महत्त्वपूर्ण कारक उसके शरीर की बनावट ही नहीं, अपितु उसमें उपस्थित बुद्धि[3] और सृजनात्मकता[4] थी। बुद्धि, जो उसे अनुभूति करा सकती थी और सृजनात्मकता, जो उसे गतिशील बना सकती थी। इसी कारण अन्य प्राणियों से अलग, मनुष्य ने अपनी प्रारम्भिक अवस्था में ही पत्थर के अस्त्रों का निर्माण करके[5] उन्हें अपने पास रखना प्रारम्भ कर दिया था। इसी के साथ उसने खाद्य पदार्थों को इकट्ठा करना भी प्रारम्भ कर दिया था। पत्थरों के अस्त्रों का निर्माण करने से उस काल में, आवश्यकता के अनुसार मानव के दो निम्नलिखित, लेकिन सर्वाधिक महत्त्वपूर्ण कार्य सिद्ध हो सकने में सहायता मिल सकती थी :

1. आत्म-सुरक्षा; तथा
2. आखेट करना।

आखेट करके मानव अपने पेट की भूख को शान्त कर सकता था और वास्तव में अस्त्रों के निर्माणोपरान्त उसने ऐसा ही किया था।

अस्त्रों के माध्यम से उसकी आत्म-सुरक्षा के कार्य में सहायता भी मिली। इसी कड़ी में, उदाहरण के लिए, तनिक और आगे बढ़ें तो हम पाएँगे कि बुद्धि एवं सृजनात्मकता के कारण ही मनुष्य ने दो

पत्थरों को रगड़कर आग उत्पन्न करना सीख लिया[6] और इससे भी अधिक दो अन्य प्रयोजन सिद्ध हो सके थे। ये दो अन्य प्रयोजन थेः

1. ठंड आदि से बचाव[7] तथा
2. भोजन, विशेष रूप से मांस को पकाने में समर्थता

लेकिन 'बुद्धि' और 'सृजनात्मकता' के साथ भी, अन्य प्राणियों से भिन्न होते हुए अपनी प्रारम्भिक अवस्था में मनुष्य सभ्य नहीं था। अभी उसमें कोई ऐसी बात नहीं थी, जिससे उसके आचरण या व्यवहार की श्रेष्ठता सिद्ध होती हो। सभ्य कहलाने के लिए श्रेष्ठ आचरणों, जिनमें नैतिकता प्रमुख होती है, का होना आवश्यक था; आज भी है। इसी कारण कन्फ्यूशियस[8] ने बारम्बार कहा था कि "सम्भ्रांत[9] व्यक्ति को नैतिकता विरोधी व्यवहार से बचना चाहिए।"[10] अर्थात, सभ्य कहलाना है, तो नैतिकता को नहीं छोड़ा जा सकता।

उक्त अवस्था में अभी विकास के ऐसे किसी मार्ग पर भी मनुष्य प्रस्थान नहीं कर सकता था, जो उसके 'सभ्य' होने के साथ-साथ 'सभ्यता' की नींव रखने में भी सहायक होता। अभी तो वह स्वयं 'जीवित रह सके', 'अपना अस्तित्व सुरक्षित कर सके', इन्हीं प्रयासों में रत था, जिनमें उसे कुछ सफलता मिली थी, जैसा कि पहले उल्लेख किया गया है। तो भी मैं पुनः दोहराना चाहूँगा कि निश्चित रूप से यह 'बुद्धि' व 'सृजनात्मकता' ही थी कि जिसके माध्यम से मानव को एक के उपरान्त दूसरी अनुभूति होती गई; गतिशील होकर वह सृजन के मार्ग पर बढ़ने लगा तथा उसके सभ्य बनने का मार्ग प्रशस्त होने लगा। दूसरे शब्दों में, निष्कर्ष के रूप में यह कह सकते हैं कि मानव को 'सभ्य' बनाने और उसके द्वारा 'सभ्यता' का निर्माण किए जाने में

'बुद्धि' एवं 'सृजनात्मकता' की भूमिका निर्णायक रही थी। मैं समझता हूँ कि उक्त विषय पर विचार व्यक्तकर्ता या दर्शन के प्रतिपादक, सभी उपरोक्त निष्कर्ष से पूर्णतः या लगभग पूर्णतः सहमत रहे हैं, यह बात दूसरी है कि सहमति के लिए उन्होंने अपनी-अपनी भाषा, अपना-अपना ढंग अपनाया है। उदाहरण के लिए सर्वपल्ली राधाकृष्णन के इन शब्दों को ही देखें जिसमें वे कहते हैं, "सभ्यता दिमाग (बुद्धि) का विषय है....।"[11]

२

अन्ततः 'बुद्धि' और 'सृजनात्मकता' का समस्त प्राणियों में से केवल मनुष्य के पास ही होना, प्रमाण है उत्पत्ति के पीछे किसी शक्ति का। मैं बारम्बार चिन्तन करके, अप्रत्यक्ष व प्रत्यक्ष रूप से अनुभव करके इसी परिणाम पर पहुँचा हूँ। इसी शक्ति को ईश्वर भी कहा जाता है। ईश्वर ने, निःसन्देह रूप से, मानव को सर्वश्रेष्ठ प्राणी के रूप में निरूपित किया है, उसे बुद्धि एवं सृजनात्मकता प्रदान करने के साथ ही, एक ऐसा सर्वश्रेष्ठ मूल्य भी स्थायी रूप से उसके स्वभाव में रख दिया कि जिसकी अनुभूति और उपरान्त उसको व्यवहार में लाने के समय से ही उसके आचरणों में श्रेष्ठता आनी प्रारम्भ हो गई; नैतिकता का उसमें विकास होने लगा, और इससे उसके 'सभ्य' बनने का मार्ग प्रशस्त हो सका। मानव जैसे-जैसे सभ्य होता गया, वैसे-वैसे ही वह 'सभ्यता' का सूत्रपातकर्ता सिद्ध होने लगा। यह नितान्त ही स्वाभाविक है कि आप कहेंगे कि वह मूल्य कौन-सा है, या कौन-सा था? निश्चित ही मेरा उत्तर है, वह मूल्य 'अहिंसा' था। आज भी अहिंसा ही सभ्यता का मूल आधार है। अहिंसा ही प्रथम प्राकृतिक

आधार भी था। इस परिप्रेक्ष्य अर्थात, 'सभ्य' एवं 'सभ्यता' के संदर्भ में। नैतिकता, जिसकी पहले संक्षिप्त चर्चा की जा चुकी है, दूसरा मूल आधार था। वैसे जहाँ अहिंसा होती है, वहाँ नैतिकता न हो, यह सम्भव नहीं है।

जैसा कि मैंने उल्लेख किया है कि बुद्धि एवं सृजनात्मकता के कारण मानव ने पत्थर का अस्त्र बना लिया था और ऐसा करने से उसे अपनी सुरक्षा करने तथा अपनी भूख को शान्त करने के उद्देश्य से शिकार करने में सहायता मिली। इसी कड़ी में आगे चलकर उसने पत्थरों की रगड़ से अग्नि को उत्पन्न कर लिया, जिससे उसकी सुरक्षा को और बल मिला। ठंड से उसका बचाव हो सका, साथ ही वह मांस को पका सकने में सक्षम हो गया। लेकिन इतना होने से उसका अस्तित्व पूरी तरह सुरक्षित हो गया हो, ऐसा नहीं था। मानव अपने अस्तित्व को लेकर अभी भी चिन्तित था। उसकी स्थिति डाँवाडोल थी और इस स्थिति को तब विराम मिला कि जब उस एक, तथा साथ ही समान रूप से अन्य मनुष्यों के मस्तिष्क में यह विचार उठें कि 'क्यों न वे सभी एक-दूसरे के साथ मिलकर रहें?' 'यदि वे ऐसा करेंगे तो उनकी सुरक्षा को बल मिलेगा।' साथ ही, 'कदाचित् मिलकर रहना तो आवश्यक है।'[12]

उक्त विचारों को उन्होंने व्यावहारिक रूप प्रदान किया। वे मिलकर रहने लगे। साथ ही, वे एक स्थान पर टिककर भी रहने लगे। अब इससे उनके अस्तित्व की सुरक्षा सुनिश्चित हो गई। एक-दूसरे को मारने की अपेक्षा, अब वे सामूहिक रूप से किसी भी आक्रमण, विशेष करके जंगली और खूंखार जानवरों की ओर से होने वाले आक्रमणों का प्रतिकार करने में सक्षम हो गए।

एक स्थान पर मिलकर रहना परस्पर सहयोग का द्योतक होता है। टिककर रहने से, वह भी अन्यों के साथ, सहयोग में निश्चित ही अभिवृद्धि होती है। परस्पर सहयोग से एक-दूसरे पर भरोसा बढ़ता है। जहाँ परस्पर सहयोग देखने को मिले, जहाँ एक-दूसरे पर भरोसा बढ़ता हो, वहाँ निश्चित ही मूल में अहिंसा होती है। हिंसा की स्थिति में किसी भी सहयोग की सम्भावना नहीं हो सकती। चूँकि मानव के मस्तिष्क में पहले-पहल, अपनी सुरक्षा की दृष्टि से ही सही,[13] अन्यों के साथ मिलकर एक स्थान पर रहने या बसने की बात उठी, तो वह इसलिए क्योंकि अहिंसा मानव के स्वभाव में है। विपरीत इसके, यदि मनुष्य में हिंसा का स्थायी वास होता, तो बुद्धि और सृजनात्मकता के होते हुए भी उसके मस्तिष्क में मिलकर रहने की बात नहीं आती। ऐसे में वह अपनी बुद्धि का प्रयोग विपरीत दिशा में ही करता और फिर इसका परिणाम क्या होता? महात्मा गाँधी के इस सन्दर्भ में ये शब्द विचारणीय हैं, "उसने युगों पूर्व अपने ही हाथों अपना नाश कर लिया होता।"[14] लेकिन ऐसा नहीं हुआ। मनुष्यों की संख्या बढ़ती गई, इसलिए क्योंकि अहिंसा स्थायी रूप से उनके स्वभाव में है।

एक साथ मिलकर रहने से अस्तित्व को सुरक्षा तो मिली, लेकिन केवल इसी पड़ाव से मनुष्य को सन्तोष नहीं हुआ। अन्ततः मानव के पास बुद्धि है, सृजनात्मकता है। अहिंसा स्थायी रूप से उसके स्वभाव में है। इसलिए उक्त सुरक्षा के उपरान्त, अन्यों के सहयोग के साथ मनुष्य विकास के पथ पर अग्रसर हो गया। मार्ग में ही, समय-समय पर उसने विभिन्न व्यवस्थाएँ स्थापित करके अपने को श्रेष्ठताओं से भरपूर किया, ताकि वह सभ्य बन सके, और इसमें भी नैतिकता बनी

रहे, यह उसने स्मरण रखा। युगों पूर्व प्रारम्भ की गई विकास-यात्रा में मनुष्य ने निरन्तर अनुकूल वातावरण की खोज की, अपने लक्ष्य की ओर बढ़ने का प्रयास किया और आज तक जो प्रगति उसने की है, वह सब हमारे समक्ष है ही।

यहाँ हमें भली-भाँति यह स्मरण रखना चाहिए कि जब प्रारम्भ में ही एक मनुष्य दूसरे के साथ मिलकर और साथ ही टिककर रहा, उसने दूसरों को सहयोग दिया, तो वह इसलिए क्योंकि उसे भी उसी प्रकार सहयोग मिला। सहयोग अस्तित्व की सुरक्षा के सम्बन्ध में हो या स्वतंत्रतापूर्वक विकास के पथ पर बढ़ते हुए लक्ष्य को प्राप्त करने हेतु हो, लेकिन इसका आदान-प्रदान हुआ ही। यदि ऐसा न हुआ होता, तो एक दूसरे को सहयोग क्यों देता? इसलिए 'सभी को समान स्वतंत्रता अहिंसा एवं नैतिकता के उपरान्त, या इन्हीं के साथ, तीसरा मूल आधार रहा है सभ्यता के विकास का।'

इस प्रकार अहिंसा, नैतिकता और स्वतंत्रता तीन मूल आधार हैं सभ्यता के। हिंसा के बल पर अन्यों की स्वाधीनता छीनकर अनैतिकतापूर्ण विजय से किसी सभ्यता का न तो सच्चे अर्थों में निर्माण किया जा सकता है तथा न ही पोषण। हजारों वर्षों का इतिहास हमारे सामने है, जिसमें हम स्पष्टतः पाते हैं कि जब-जब भी अहिंसा, जो कि शान्ति का मूल है, से विमुख होकर और अनैतिकतापूर्ण ढंग से दूसरों को पराधीन करने का प्रयास किया गया, तब-तब सभ्यताएँ नष्ट हुईं। विपरीत इसके, जब-जब भी इस आधार पर मानव ने दृढ़ विश्वास रखा, तब-तब विकसित और सुन्दर सभ्यताएँ निर्मित हुईं। क्यों? सच्चाई के साथ अध्ययन करने पर हमारे समक्ष वास्तविकता

प्रकट हो जाएगी और सभी सभ्यताओं के पतन के पीछे एक से ही कारण दृष्टिगोचर होंगे। अर्थात, उन मूल आधारों से, जो सभ्यता का निर्माण करते हैं, पोषणकर्ताओं की विमुखता।

पुष्टि के लिए, संपुष्टि के लिए, पतन को प्राप्त विश्व की प्रमुख सभ्यताओं की चर्चा मैं करना चाहूँगा, लेकिन इसके पूर्व तीनों मूल आधारों - अहिंसा, नैतिकता और स्वतंत्रता का कुछ विस्तृत लेखा-जोखा प्रस्तुत करूँगा। इसी के साथ, सभ्यता के विकास में 'आर्थिक पहलू' पर भी कुछ कहना चाहूँगा।

सन्दर्भ :

1. विशेष रूप से 'आत्मा' क्या है? यह तथ्य इसके 'स्वरूप' और काया में इसके 'स्थान' से कहीं अधिक महत्त्वपूर्ण रहा है; विभिन्न दर्शनों में चर्चा का विषय रहा है। 'आत्मा', 'परमात्मा' का अंश है, यह 'परमात्मा' से भिन्न एक स्वतंत्र सत्ता है, जिसका कभी नाश नहीं होता है, या यह 'परमात्मा' व 'प्रकृति' के समान ही सत्तावान है; 'आत्मा' मोक्ष की स्थिति में 'परमात्मा' में विलीन हो जाती है, यह और इसके अतिरिक्त अनेक अन्य बातें, तर्कों के साथ इसके विषय में हजारों वर्ष पूर्व से कही जाती रही हैं; अभी भी कही जाती हैं। भारत के एक अति प्राचीन धर्म-दर्शन, 'जैन', में उल्लेख हुआ है कि "निश्चय नय की दृष्टि से, जिसमें चेतना पाई जाए, जो उपयोग (ज्ञान और दर्शन) सहित हो, तथा व्यवहार की दृष्टि से जो इन्द्रिय, बल (मनोबल, वचनबल और कायिकबल), श्वाँसोछ्वास और आयु- इन चारों प्राणों (विस्तार-दृष्टि से दस प्राणों-पाँच इन्द्रिय, तीन बल, श्वाँसोछ्वास, आयु) का धारक हो, उसे आत्मा कहते हैं।" दूसरे शब्दों में यह भी कहा गया है कि "जो जीता है, अर्थात द्रव्य प्राण और भाव प्राणों का धारक है, उसे जीव (आत्मा) कहते हैं।" बौद्ध दर्शन में भी आत्मा चर्चा का विषय रही; विशेष करके स्वयं गौतम बुद्ध ने इसके सम्बन्ध में उद्‌गार प्रकट किए, और कहा "आत्मा कोई नित्य कूटरूप वस्तु नहीं है। यह विशेष कारणों से स्कन्धों (भूत, मन) के ही

योग से उत्पन्न एक शक्ति है, जो अन्य बाह्य भूतों की भाँति क्षण-क्षण उत्पन्न और विलीन हो रही है।" इन दोनों अर्थात, जैन और बौद्ध दर्शनों के विपरीत वैदिक दर्शन में आत्मा के सम्बन्ध में जो विचार प्रकट किए गए हैं, उन्हीं की ओर इनसे पूर्व मैंने संकेत किया है। वैदिक दर्शन में यह प्रायः एक नित्य चेतना-शक्ति है।

2. लगभग दस लाख वर्ष पूर्व।
3. बुद्धि के सम्बन्ध में भी, 'आत्मा' के समान ही अनेक मत हैं; बुद्धि है तथा इसकी मनुष्य के व्यवहारों में अति महत्त्वपूर्ण भूमिका है, यह बात तो भी सभी मत व्यक्तकर्ता स्वीकार करते हैं। कुछ दर्शन 'बुद्धि' की अन्य तत्त्वों से एकरूपता होने का तर्क देते हैं, तो कुछ अन्य इसकी पृथकता की बात भी करते हैं। श्रीमद्भगवद् गीता में तो इसके विषय में रोचकतापूर्ण खुलासा भी किया गया है, लेकिन यह सब यहाँ अधिक प्रासंगिक नहीं है। 'सभ्य' और 'सभ्यता' पर सामान्य चर्चा करते समय तथा मानवीय बुद्धि के इनके निर्माण में योगदान की बात करते हुए, मैं अपनी ओर से यही कहना चाहूँगा कि मनुष्य के पास जो बुद्धि है, उसके पीछे निश्चित रूप से किसी सत्ता का हाथ भी है। यही सत्ता ईश्वर सहित अन्य अनेक नामों से भी जानी जाती है। विशेष करके जिस प्रकार विकसित बुद्धि को मानव धारण किए है, जो किसी भी प्राणी के पास इस रूप में नहीं है, मनुष्य की अन्य जीवों से सर्वोच्चता को प्रकटकर्ता आधार है, कोई कारण नहीं कि मैं यह न मानूँ कि वह उसे ईश्वर प्रदत्त है।
4. सृजनात्मकता एक अति महत्त्वपूर्ण गुण है और अनोखे रूप में मानव के पास है। यह गुण भी सृष्टिकर्ता ने मनुष्य को उसकी उत्पत्ति के समय ही प्रदान किया। यह गुण गतिशीलता का पर्याय था, है और रहेगा। कहना न होगा कि यह विकास या प्रगति का आधार है। मानव के 'सभ्य' होने और उसके द्वारा 'सभ्यता' का निर्माण करने में, जैसा कि पहले ही कहा है, 'सृजनात्मकता', 'बुद्धि' के साथ महत्त्वपूर्ण रही है।
5. यद्यपि पत्थरों से निर्मित ये अस्त्र पूर्णतः अविकसित, अर्थात अत्यंत ही भोंडे किस्म के थे, जिन्हें अनगढ़ ढंग से तराशा जाता था। इस प्रकार

भी कह सकते हैं कि पत्थर के वे अस्त्र दो अथवा ढाई किलोग्राम भार के तेज किए हुए पाषाण खण्ड होते थे। (वि.इ. भाग-1, पृष्ठ 12)

6. पूर्व पुरा पाषाणकाल के अन्त में।
7. ठंड के अतिरिक्त अग्नि मनुष्य के लिए एक सीमा तक जंगली जानवरों से अपनी रक्षा करने में भी सहायक सिद्ध हो सकती थी। हर समय या प्रत्येक अवसर पर केवल पाषाण निर्मित अस्त्र ही मानव को सुरक्षा प्रदान करने में पर्याप्त नहीं थे।
8. कुंग-त्जे या कुंग-फूत्सी (551-479 बी.सी.), जो सुविख्यात चीनी दार्शनिक थे, और जिन्होंने नैतिक राजनीति के सिद्धान्त का प्रतिपादन किया और 'जेन' (मानवीयता) को मनुष्यों के परस्पर सम्बन्धों का आधार घोषित करते हुए 'नैतिकता' को सर्वोच्च रखा। वैसे भी 'जेन' (मानवीयता) की अभिव्यक्तिकर्ता सारे व्यवहार, जैसे कि 'स्याओं' (पुत्रोचित विनम्रता), 'चुन' (राज्य या शासक के प्रति निष्ठा), 'ई' (कर्त्तव्य), 'सिन' (वफादारी और ईमानदारी) 'वेन' (मनुष्यमात्र से प्रेम), 'चुइ' (भलमनसाहत) और 'भू' (क्षमा) आदि नैतिकता की परिधि से बाहर भी तो नहीं है। यही नहीं, कन्फ्यूशियस का अति प्रसिद्ध और लोकप्रिय कथन कि "जैसा व्यवहार तुम अपने से नहीं चाहते हो, वैसा व्यवहार तुम अन्यों से भी न करो", नैतिकता से पूर्णतः परिपूर्ण है, क्योंकि इसमें शिष्टाचार, जिसे कन्फ्यूशियस, 'ली' कहते हैं, की कोई कमी नहीं है।
9. सभ्य।
10. राजनीतिक सिद्धान्तों का इतिहास, भाग-1, पृष्ठ-132
11. भाषण और लेख, मई 1962-मई 1964, प्रकाशन विभाग, नई दिल्ली, 1965, पृष्ठ 430.
12. यह फ्रांसीसी दार्शनिक रूसो के उस कथन से भिन्न है, जिसमें उन्होंने कहा, "प्राकृतिक अवस्था में लोगों को एक-दूसरे की आवश्यकता नहीं थी।" ... और "... जीवन के लिए (मनुष्य को) जो कुछ चाहिए था, वह सब उसकी सहज वृत्ति का अंग था।" (राजनीतिक सिद्धान्तों का इतिहास, भाग-2, पृष्ठ 191)।
13. जैसा कि 'लेवियाथन' में थामस हाब्स का कथन है, "अपनी सुरक्षा के

लिए मनुष्य की प्रकृति शान्ति की स्थापना की माँग करती है" (और) इसीलिए सर्वप्रथम मानव ने (दूसरों के साथ) मिलकर रहने का विचार किया तथा आपसी संघर्ष को विराम दिया।

14. यंग इण्डिया, 2 जनवरी, 1930 ई०। अपने कथन के समर्थन में महात्मा गाँधी ने बारम्बार, विभिन्न अवसरों पर तर्क प्रस्तुत किए। हिन्द-स्वराज्य (पृष्ठ-61) में वे लिखते हैं, "संसार में इतने सारे मनुष्य आज भी जीवित हैं, इससे सिद्ध होता है कि दुनिया का आधार हथियारों का बल नहीं है, अपितु सत्य (अहिंसा), दया या आत्मबल पर है। इसका सबसे बड़ा प्रमाण तो यही है कि दुनिया युद्धों के हंगामों के उपरान्त भी टिकी हुई है। इसलिए युद्ध-बल के स्थान पर (कोई) दूसरा ही बल उसका आधार है।" वह बल, अहिंसा का बल है। 10 अगस्त, 1940 को महात्मा गाँधी ने हरिजन सेवक में लिखा कि प्रारम्भ से ही अहिंसा उत्तरोत्तर बढ़ती गई है और हिंसा वृत्ति शनैः-शनैः कम होती गई है। और, "यदि ऐसा नहीं हुआ होता, तो जिस तरह निम्न श्रेणी के अनेक प्राणियों की जातियाँ लुप्त हो गई हैं, उसी तरह मनुष्य जाति भी आज तक समाप्त हो गई होती।"

15. स्वतंत्रता के विषय में जान लाक का 17वीं शताब्दी का कथन कि "स्वतंत्रता का अर्थ है कि मैं सभी विषयों में, जहाँ तक कानून इसे वर्जित नहीं ठहराता, अपनी इच्छानुसार आचरण कर सकूँ और किसी दूसरे व्यक्ति की अस्थिर, अनिश्चित, अज्ञात निरंकुश इच्छा पर निर्भर न रहूँ", तब तक मेरी दृष्टि में अपूर्ण है कि जब तक उक्त इच्छा के साथ अन्यों के लिए भी इच्छाकर्ता की व्यावहारिक कामना न रहे। आदिकाल से ही वास्तव में, स्वतंत्रता का अर्थ यह है कि व्यक्ति स्वयं स्वतंत्र रहे और दूसरे की स्वाधीनता को भी अपने ही समान सुनिश्चित करे।

●●●

2

अहिंसा

गतिशील, सक्रिय एवं स्वाभाविक मूल्य

अहिंसा सभ्यता का प्रथम और सर्वप्रमुख आधार है। अहिंसा क्या है? अर्थात इसका अर्थ या अभिप्राय क्या है? इस सम्बन्ध में, गत कुछ वर्षों में विभिन्न अवसरों पर अपने व्याख्यानों एवं लेखों में मैंने खुलासा करने का प्रयास किया है। 'अहिंसा और इसके दर्शन' पर इन्हीं दिनों एक पुस्तक भी मैंने लिखी है, जिसमें प्राचीनकाल से लेकर आधुनिक समय तक के इससे सम्बन्धित समस्त प्रमुख विचारों या अवधारणाओं, वे पूरब से हों या पश्चिम से, का उल्लेख किया है। सभी विचारों व अवधारणाओं के गहनावलोकन के उपरान्त, इसी के साथ अपने स्वयं के अनुभव और अनुभूति से, निष्कर्ष के तौर पर अहिंसा के सन्दर्भ में जो महत्त्वपूर्ण बात मेरे समक्ष प्रकट होती है, वह यह कि यह कोई ठहरी हुई चीज नहीं है। यह कोई निष्क्रिय विचार या मानव द्वारा स्थापित मूल्य नहीं है। अहिंसा गतिशील, सक्रिय और स्वाभाविक मूल्य है। मानव के स्वभाव में अपनी स्थायी उपस्थिति के कारण तथा गतिशील व सक्रिय होने के कारण ही यह सभ्यता का प्रथम मूल आधार हो सकी है।

महावीर में अहिंसा का सर्वश्रेष्ठ प्रस्फुटीकरण हुआ। उनके लिए

अहिंसा आत्मिक थी। उनके दर्शन का केन्द्र होने के साथ ही, अहिंसा का जो रूप उनके व्यक्तिगत व्यवहारों में था या उनकी दिनचर्या में था, वह कदाचित् किसी अन्य के व्यवहारों या दिनचर्या में नहीं रहा। इस सन्दर्भ में महावीर आज तक भी अतुलनीय हैं। हर एक के बस की बात नहीं कि वह उनका उसी रूप में पूर्णतः अनुगमन कर सके। इसीलिए आम और खासजन दोनों के लिए महावीर की अहिंसा का सम्पूर्ण अनुगमन किया जाना प्रायः सम्भव नहीं है।

मेरी दृष्टि में तथागत गौतम बुद्ध और आधुनिक युग में महात्मा गाँधी दोनों के लिए अहिंसा अन्ततः स्वाभाविक मूल्य है। प्राचीनकाल से लेकर आधुनिक समय तक के अनेक अवतारों, चिन्तकों, दार्शनिकों और पैगम्बरों की ही भाँति यही बुद्ध व गाँधी के लिए प्रमुख मानवीय मूल्य भी है। गौतम बुद्ध ने भले ही अहिंसा के स्वाभाविक होने की बात प्रत्यक्षतः स्वीकार न की हो, लेकिन जिस तरह मनुष्य और अन्य जीवों की सहजात इच्छा के रूप में जीवन के प्रति प्रेम 'सब्बेस जीवियं पियम्'[1] एवं दण्ड तथा हिंसा से अप्रेम 'सब्बे तसन्ति दण्डस्य' को बुद्ध ने बारम्बार दोहराया है, उससे यही परिणाम सामने आता है कि अहिंसा स्वाभाविक है।

महात्मा बुद्ध ने सिद्धान्त की अपेक्षा व्यवहार-शुद्धता पर अधिक बल दिया है। व्यवहारों पर भी वहीं तक उन्होंने बल दिया है, जहाँ तक वे सम्भव हों। इसलिए अहिंसा अधिकाधिक व्यवहारों का विषय बनी। इसी प्रकार महात्मा गाँधी के तर्क कि "मानव ने अहिंसा की दिशा में उत्तरोत्तर विकास किया है"[2] तथा स्वाभाविक रूप में "प्रगति हेतु मानवता अहिंसा की ओर बढ़ी,"[3] अनायास ही, उनकी ओर से भी

इस मूल्य के स्वाभाविक होने की पुष्टि करते हैं। बुद्ध की ही भाँति गाँधी के लिए अहिंसा सिद्धान्त की अपेक्षा व्यवहारों का विषय अधिक है। इसकी अन्तिम कसौटी कृत्य के पीछे रही भावना है। देशकाल की परिस्थितियों में, महात्मा गाँधी के अनुसार, अहिंसा को अनुकूल बनाना महत्त्वपूर्ण है; इसके आधार पर प्राप्त की जाने वाली सफलता के लिए ऐसा किया जाना आवश्यक है। बुद्ध व गाँधी की अहिंसा, महावीर की अहिंसा की अपेक्षा आमजन के लिए अधिक ग्राह्य है; व्यावहारिक है।

महावीर की अहिंसा आत्मिक है। बुद्ध व गाँधी की अहिंसा स्वाभाविक है। इससे सम्भव है कि पाठकों को ऐसा लगेगा कि दोनों अर्थात, आत्मिक व स्वाभाविक में अन्तर है। लेकिन वास्तव में ऐसा नहीं है। निश्चित रूप से आत्मा का स्वभाव पर परावर्तन होता है। दूसरे शब्दों में, स्वभाव आत्मा से पूर्णतः प्रभावित होता है। इसलिए जो आत्मिक है, वही न्यूनाधिक स्वाभाविक भी है।

जहाँ तक अहिंसा के गतिशील एवं सक्रिय होने की बात है, तो उसमें महावीर, बुद्ध या गाँधी, और अनेक अन्य भी, एकमत हैं, वह भी प्रत्यक्ष रूप में। आइएगा! अब अहिंसा के गतिशील तथा सक्रिय मूल्य होने के सन्दर्भ में कुछ विचार कर लें।

गत अध्याय में मनुष्य के प्रारम्भिक अवस्था में एक साथ मिलकर और साथ ही एक स्थान पर टिककर रहने की चर्चा हमने की थी। ऐसा करते हुए हमने सहयोग, जो कि प्रेम की ही भाँति, अहिंसा की एक श्रेष्ठ प्रवृत्ति है, तथा जिसमें इसका स्पष्ट प्रस्फुटीकरण होता है, का उल्लेख किया था। उसी कड़ी में तनिक आगे बढ़ते हुए यदि

हम गम्भीरता से विचार करें, तो हमारे सामने स्पष्ट रूप से यह बात आती है कि प्रारम्भिककाल में परस्पर सहयोग के उपरान्त मानव ठहर नहीं गए थे। एक मनुष्य केवल आत्म-सुरक्षा और इसी प्रकार दूसरों की सुरक्षा की प्रत्याभूति से ही सन्तुष्ट नहीं हो गया था। उसे आगे बढ़ने की इच्छा हुई। दूसरे शब्दों में, सहयोग की प्रक्रिया को आगे बढ़ाने को वह लालायित रहा।[4] यही कारण था कि उसने नित-निरन्तर सहयोग किया, प्रगति का एक के उपरान्त दूसरा कीर्तिमान स्थापित किया। इसी स्वाभाविक इच्छा के कारण अभी भी वह प्रगति के मार्ग पर अग्रसर है और इस दिशा में उसे बहुत आगे बढ़ना है। अनेक अवरोधों, सांसारिक प्रतिस्पर्धाओं व ईर्ष्याओं की उपस्थिति में भी सहयोग की इच्छा मानव के स्वभाव से समाप्त नहीं हो सकती। इस इच्छा के कारण वह प्रायः सक्रिय बना ही रहेगा; जब तक उसके लिए सम्भव होगा, वह इसके सहारे उन्नति की ओर बढ़ता रहेगा।

सिद्धान्त के बल पर नहीं, व्यवहारों के आधार पर, या ऐसा कहिएगा कि अनुभवों के सहारे मैं इस निष्कर्ष पर पहुँचा हूँ कि अहिंसा और इसकी गतिविधियों, मुख्यतः सहयोग को जितना भी बढ़ाते जाते हैं, वह उतना ही बढ़ता जाता है। वह हमारे अनुकूल होता जाता है। इसीलिए मैं दृढ़तापूर्वक यह कहता हूँ कि अहिंसा सक्रिय होने के साथ ही गतिशील मूल्य है। कहना न होगा, हमारे स्वभाव में यह सदा है और इसमें निरन्तर बढ़ने की क्षमता है। जिस किसी को भी अहिंसा के सक्रिय होने में या इसकी गतिशीलता के सम्बन्ध में कोई संशय हो, वह स्वयं अपने और सांसारिक व्यवहारों से, दिन-प्रतिदिन के अनुभवों से इसे मिटा सकता है। अहिंसा सक्रिय है, गतिशील है और यह

स्वाभाविक है। इसकी इन विशेषताओं पर कोई प्रश्न चिह्न नहीं लगाया जा सकता।

जिस प्रकार सक्रियता और गतिशीलता स्वाभाविक अहिंसा की विशेषताएँ हैं, उसी प्रकार वीरता भी इसकी आवश्यक विशेषता है। दूसरे शब्दों में, वीरता अहिंसा की एक कसौटी है; इसकी एक शर्त है। कोई वीर ही सच्चे अर्थों में अहिंसक हो सकता है। कायरता और अहिंसा का कोई सम्बन्ध नहीं है। वर्धमान अहिंसा के बल पर 'वीर' से भी आगे 'महावीर' बन गए थे। इसमें वह शक्ति है, जो किसी के द्वारा तोड़ी नहीं जा सकती। महात्मा बुद्ध के समय में अंगुलिमाल नामक एक मानव हन्ता था। अंगुलिमाल, जैसा कि नाम से ही स्पष्ट है, अंगुलियों की माला पहनने वाला। वह व्यक्तियों की निर्मम हत्या कर डालता और तदोपरान्त उनकी अंगुलियों को काटकर अपनी कंठ-माला में पिरो लेता था। एक दिन महात्मा बुद्ध उसके ठिकाने वाले मार्ग पर चले। अंगुलिमाल ने दूर से ही उन्हें देखा और उन्हें चेतावनी देनी प्रारम्भ कर दी। बुद्ध मार्ग पर आगे बढ़ते रहे, अंगुलिमाल की चेतावनी का उन पर कोई प्रभाव नहीं पड़ा। अन्ततः दोनों आमने-सामने हो गए। बुद्ध करुणा के अलम्बरदार थे; करुणा अहिंसा की श्रेष्ठतम पूरक मान्यता है। इस रूप में बुद्ध महान अहिंसक ही थे, और निश्चित रूप से वीर भी। अंगुलिमाल से भला वे कैसे भयभीत हो सकते थे? आमना-सामना होने पर अंगुलिमाल के भीतर का राक्षस ठहर न पाया। बुद्ध की करुणामयी आँखों ने उसे परास्त कर दिया। वे इतना आकर्षित कर सकीं कि उसी समय अंगुलिमाल बुद्धमय हो गया। यह है अहिंसा का बल।

इस सन्दर्भ में अनेक और उदाहरण दिए जा सकते हैं, लेकिन मैं यहाँ केवल एक अन्य संक्षिप्त वृतान्त आपके समक्ष रखकर अहिंसा से सम्बन्धित इस बात को विराम देना चाहूँगा।[5] साबरमती आश्रम से निकलकर, महात्मा गाँधीजी दाण्डी की ओर अग्रसर थे। मार्ग में ही पड़ने वाले एक स्थान के निवासी ने, जो गाँधीजी के सिद्धान्त, निश्चित रूप से अहिंसा का, विरोधी था, महात्मा गाँधी को, यदि वे उसे अकेले में मिल जाएँ अथवा किसी दूसरी अनुकूल परिस्थिति में भी, मार देने की बात की। गाँधी को इस बात की सूचना प्राप्त हुई। वे अहिंसा के पुजारी थे, इसलिए निर्भीक थे, वीर थे। वे जानते थे कि इस महानतम मानवीय मूल्य के सामने कोई बुरी इच्छा वाला टिक नहीं सकता। एक-दो दिन व्यतीत हुए। इन दिनों में अपने को मारने की इच्छा रखने वाले व्यक्ति का ठोर-ठिकाना आदि सब कुछ गाँधीजी ने मालूम करा लिया। तदोपरान्त एक दिन सवेरे, जब उनके सभी साथी निद्रा में थे, महात्मा गाँधी उक्त सज्जन के समक्ष स्वयं जाकर उपस्थित हो गए और उससे बोले, "भाई! मैं ही गाँधी हूँ। आप मेरा जीवन लेना चाहते हैं न? शीघ्रता से और चुपके से अभी ही ले लो, किसी को पता भी नहीं चलेगा।" वह सज्जन अहिंसा के वीर गाँधी की आँखों से अपनी आँखें भी न मिला सका। अन्ततः वह गाँधीवादी बन गया। स्पष्ट है कि अहिंसा वीर और वीरता के साथ ही जुड़ी होती है।

सन्दर्भ :

1. शान्ति की ओर, पृष्ठ-56
2. हरिजन सेवक, 11 अगस्त, 1940
3. गाँधीजी की चुनौती, पृष्ठ-23

4. सहयोग की लालसा और फिर उस पर व्यवहार ही एकमात्र कारण है, अन्ततः समाज की स्थापना का और व्यवस्था के निर्माण का। सहयोग को जितना चाहें, हम बढ़ा सकते हैं। और मानव ने इसे निरन्तर बढ़ाया भी है। आज विश्व में दूरी नाम की कोई चीज नहीं है। पूरा विश्व एक परिवार की भाँति है, जिसमें सभी सरलतापूर्वक एक-दूसरे से सम्पर्क कर सकते हैं। सभी एक-दूसरे के काम आ सकते हैं। अन्ततः यह सब बढ़ते सहयोग के ही चिह्न हैं। उन्नति के जिस पड़ाव पर हम आज हैं, जिस शिखर की ओर हमें आगे बढ़ना है, उसका आधार सहयोग है, न कि संघर्ष। भले ही सहयोग की दिशा कभी-कभी विपरीत प्रतीत होती हो, अथवा सहयोग के नाम पर स्वार्थ की प्रधानता दीख पड़ती हो, लेकिन अन्त में जो उपलब्धि वास्तव में प्राप्त होती है, वह सहयोग के मूल में होने के कारण ही होती है। यही सत्यता है, यही वास्तविकता है।
5. गाँधीजी से सम्बन्धित यह वृतान्त मुझे एक वरिष्ठ स्वाधीनता सेनानी तथा गाँधीवादी ने लगभग दो दशक पूर्व सुनाया था।

●●●

3

नैतिकता

सद्‌गुणों का व्यावहारिक प्रकटीकरण, कर्तव्य में संलग्न और सर्वकल्याण को समर्पित

जिस नैतिकता को मैंने सभ्यता का दूसरा मूल आधार बताया है, निःसन्देह उसे भी अहिंसा के समान ही महत्त्वपूर्ण होना चाहिए; मानवमात्र के दिन-प्रतिदिन के कार्यकलापों में प्रमुख रहना चाहिए। इसी के साथ उसे भी सक्रिय या गतिशील रहना चाहिए। ऐसा होने पर ही नैतिकता वास्तव में सभ्यता के मूल आधार के रूप में स्वीकार की जा सकती है।

हजारों वर्ष पीछे के इतिहास, जिसमें विश्व की विभिन्न सभ्यताएँ अपने-अपने ध्वज लहरा रही थीं, के गहनावलोकन से बारम्बार इस बात की सम्पुष्टि होती है कि नैतिकता सदा, प्रत्यक्ष और अप्रत्यक्ष, दोनों रूपों में बनी रही थी; अहिंसा की पूरक मान्यता के रूप में स्थापित रही थी। यह तथ्य भी, जैसा कि मैंने कहा है, उस समय हमारे समक्ष आएगा जब हम अनेक सभ्यताओं के उत्थान व पतन की चर्चा करेंगे। यहाँ, तो भी, हमारे लिए यह जानना आवश्यक है कि अन्ततः

नैतिकता क्या है? साथ ही, इसका उद्देश्य क्या है?

भारत में अति प्राचीनकाल से ही, हर परिस्थिति में[1] और अविरल रूप से मानवता के कल्याण का सन्देश[2] प्रत्येक, आम और खास, के लिए दिया गया है। ऐसा करते समय यह भी प्रतिपादित किया गया है, "यही सर्वोच्च नैतिक विधान है", और यदि "हम सब इस सजीव सत्य को अंगीकार कर लें, तो नैतिकता से सम्बन्धित दूसरे सभी विधान स्वतः प्रकट हो जाएँगे।" श्रीमद्भगवद् गीता में नैतिकता कर्तव्य का भाग है। कौन-से कर्तव्य का? सामान्यतः उसी कर्तव्य का, जिसमें बिना स्वार्थ के, बिना किसी इच्छा या फल के एकता के प्रतीक ईश्वर को अर्पित करके, सर्वहित में कर्म किए जाते हैं। यह मानव-कल्याण के सन्देश की ही अन्ततः गीता में भी पुनरावृत्ति है।

भारतीय विचारधारा में नैतिकता को धर्म भी माना गया है।[3] ऐसा करते समय कहा गया है, "वही व्यक्ति सच्चे अर्थों में नैतिक, दूसरे शब्दों में धार्मिक कहा जा सकता है, जो घृणा और स्वार्थ से परे हो, जिसका जीवन पूर्णतः शुद्ध हो एवं जो सेवा-भावना में संलग्न हो। ऐसा ही व्यक्ति मानवता के लिए श्रेष्ठ कर सकता है; सत्यता ही इस सब श्रेष्ठ एवं उत्कृष्ट का आधार है।"[4] इस कथन में धर्म के समस्त महत्त्वपूर्ण अभिप्राय जैसे कि 'श्रेष्ठता को धारण करना' अथवा 'कर्तव्य का निर्वाह करना' समाहित हो जाते हैं। एक विद्वान ने तो धर्म व नैतिकता के सम्बन्धों पर विचार व्यक्त करते हुए यहाँ तक कहा है, "यदि हम जीवन में नैतिकता रूपी आधार को खो देते हैं, तो (बिना किसी संशय के) हम धर्म से पृथक हो जाते हैं।" इस विद्वान के अनुसार "ऐसी कोई धार्मिक बातें नहीं हैं, जो नैतिक न हों। उदाहरणार्थ,

कोई भी ऐसा व्यक्ति, जो अत्याचार या दमन की बात करे, व असत्याचरण करे, वह ईश्वर के मार्ग के अनुसरण का दावा नहीं कर सकता।" अब यहाँ स्पष्टतः नैतिकता की कसौटी सदाचरण भी बन जाते हैं। ऐसे आचरण अन्ततः मानव-कल्याण का, व्यक्तिगत रूप से एवं दूसरों के लिए भी, आधार होते हैं।

महात्मा गाँधी के सम्पूर्ण सिद्धान्त और उनके व्यवहारों में नैतिकता भरपूर रूप से है। आइए! देखें कि वे नैतिकता के सम्बन्ध में क्या कहते हैं? उन्होंने एक स्थान पर कहा है, "सच्ची नैतिकता पराजित करने के मार्ग का अनुसरण करने में नहीं, अपितु अपने लिए सत्यमय मार्ग की खोज करने में है, और निडरतापूर्वक इस पर चलने में है।"[5] इसी सन्दर्भ में एक अन्य अवसर पर महात्मा गाँधी ने इस प्रकार कहा है, "वास्तव में नैतिक व्यक्ति के जीवन में गुण होते हैं; दूसरे शब्दों में, वह गुणों से भरपूर जीवन जीता है, और वह भी इसलिए नहीं कि इससे उसका स्वयं का ही भला हो, अपितु इसलिए कि यही उसके अस्तित्व का विधान है, निश्चित रूप से ही उसके श्वाँस का आधार है।" यदि एक वाक्य में कहना हो तो, "गुण ही स्वयं अपना पुरस्कार है।"

यहाँ अन्ततः श्रेष्ठाचरणों की बात कही गई है, उन्हें नैतिकता का आधार बनाया गया है, जो सर्वकल्याण को समर्पित हैं; धर्म भी-वह श्रेष्ठता धारण करने या कर्तव्यपालन आदि किसी भी अर्थ में लिया जाए-उससे बँधा है और आवश्यक रूप से सत्यता का मार्ग नैतिकता की परिधि से ही होकर जाता है। अतिसाधारण या मोटे रूप में, साथ ही अत्यधिक संक्षेप में कहना हो तो नैतिकता सद्गुणों का व्यावहारिक

प्रकटीकरण है, कर्तव्य इससे अभिन्न रूप से जुड़ा है तथा इसका उद्देश्य सर्वकल्याण है।

मैं समझता हूँ कि न्यूनाधिक उपरोक्त अर्थ व अभिप्राय ही भारत के अतिरिक्त पश्चिमी जगत के विद्वानों, दार्शनिकों या चिन्तकों, जिन्होंने भी नैतिकता के सम्बन्ध में लिखा या कहा है, के सिद्धान्तों व व्यवहारों में मिलेगा।[6] आइएगा! इस कड़ी में सबसे पहले बात करें जर्मन विद्वान जी०एफ० निकोलाई की, जिनके अनुसार, "नैतिक अनुभूति चिन्तन की कोई तर्कशील पद्धति नहीं है, अपितु मनुष्य को पूर्वजों से विरासत में प्राप्त स्वाभाविक प्रवृत्ति है।" निकोलाई की व्याख्या में निम्नलिखित तीन बातें नैतिकता के सम्बन्ध में बहुत महत्वपूर्ण हैं :

(क) यह स्वाभाविक रूप से विकसित भावना है;

(ख) यह कर्तव्यपरायणता से जुड़ी है; तर्क का नहीं, यह कर्म का विषय है; तथा

(ग) इसकी अनैतिक कृत्यों से प्रतिस्पर्धा रहती है।

एक अन्य जर्मन विद्वान मार्टिन निमूलर[7] के अनुसार ईसा मसीह के जीवन व कार्यों को आदर्श बनाकर ही प्रत्येक को अपने व्यक्तिगत और सार्वजनिक जीवन में व्यवहार करना चाहिए; ईसा मसीह का जीवन और कार्य नैतिकता की पराकाष्ठा थे।

इसी भाँति और भी अनेक पाश्चात्य विचारकों ने इनसे न्यूनाधिक मिलते-जुलते विचार प्रकट किए। ये विचार आधुनिक ही नहीं, अपितु प्राचीनकाल में सुकरात जैसे दार्शनिकों के संदेशों में भी पाए जाते हैं।

मैं समझता हूँ सभी का सार अन्ततः एक-सा ही है और वह

सार भारतीय विचारधारा के समीप आकर ठहरता है। विचार कीजिएगा यदि निकोलाई नैतिकता को स्वाभाविक मानते हैं, उसे कर्तव्य से जोड़कर अनैतिकता से प्रतिस्पर्धा में संलग्न पाते हैं, तो वह वेदों, गीता व गाँधी जैसे महामानव के विचारों के प्रतिकूल कहाँ है? इसी प्रकार, यदि मार्टिन ईसा मसीह को अपने नैतिकता के सिद्धान्त का आधार बनाते हैं, तो सर्वकल्याण को समर्पित उनके जीवन तथा कार्यों और नैतिकता की भारतीय अवधारणा में भेद कहाँ है? यही नहीं, मेरी दृष्टि में तो समाजशास्त्री जेसी बर्नार्ड, जो पुरुषों व महिलाओं में नैतिकता के सन्दर्भ में दो पृथक अवधारणाएँ सुझाती हैं, भी मेरे उक्त कथन से दूर नहीं हैं।[8]

सन्दर्भ :

1. हर परिस्थिति से तात्पर्य, सामान्य वातावरण और साथ ही अशान्त परिस्थितियों, वे किसी भी रूप में हों अथवा उनके पीछे कोई भी कारण हों, से है।
2. वेदों सहित दूसरे भारतीय धर्मग्रन्थों, समय-समय पर अवतरित महान पुरुषों, ऋषियों आदि की वाणियों और समाज सुधारकों व महात्माओं, उनका सम्बन्ध किसी भी धर्म-सम्प्रदाय या पंथ से रहा हो, के उपदेशों में नैतिकता के पालन पर बल रहा है। समस्त विचारक, चिन्तक या दार्शनिक, उनके ज्ञान की शाखा कोई भी हो, इससे अछूते नहीं रहे।
3. अनेक प्राचीन, मध्यकालीन, समकालीन और आधुनिक विचारकों, विशेष रूप से महात्मा गाँधी द्वारा।
4. जीवन की कला, पृष्ठ-6
5. सदाचार धर्म, पृष्ठ-36
6. विशेष रूप से ईसा मसीह के जीवन और बाइबिल में अनेक स्थानों पर हम नैतिकता को सद्‌गुणों के व्यावहारिक प्रकटीकरण में पाते हैं। यद्यपि बाइबिल और ईसा मसीह एशिया अर्थात, पूरब से, उत्पत्ति के दृष्टिकोण

से जोड़े जा सकते हैं, लेकिन यूरोप में ईसाईयत का अधिक बोलबाला रहा, वहाँ इसके सर्वाधिक अनुयायी और व्याख्याता रहे हैं। इनमें से अनेक ने अपनी व्याख्याओं, अपने चिन्तन तथा दर्शन का आधार भी बाइबिल तथा ईसाईयत की शिक्षाओं को बनाया है। इसलिए इस सन्दर्भ में यदि पश्चिमी जगत के अग्रणीय होने की बात की जाए, तो इसमें अनुचित कुछ नहीं होगा।

7. प्रोटेस्टेंट विचारधारा के अनुयायी मार्टिन निमूलर (1892-1984), जर्मन शान्ति संस्था के अध्यक्ष भी रहे।

8. अपने विश्लेषण में जेसी बर्नार्ड, हार्वर्ड के मनोवैज्ञानिक कारोल गिलिगन के समान ही नारी-पुरुष के आधार पर नैतिकता के दो भिन्न-भिन्न सिद्धान्त सुझाती हैं। उनके अनुसार नारी की नैतिकता को सामान्यतः कर्तव्यमयी भावना से स्वीकृत कार्य, जिसके मूल में दयालुता होती है, में देखा जा सकता है। विपरीत इसके, पुरुषों की नैतिकता को अन्यों के स्थापित अधिकारों में अहस्तक्षेप की भावना में, अर्थात यथास्थिति को बनाए रखने में पाया जा सकता है।

●●●

4

स्वतंत्रता

प्राकृतिक अधिकार, अनुभूति, समानता का विषय और भाग्य का निर्माण करने वाला मूल्य

स्वतंत्रता का मनुष्य से, यदि पूर्ण सत्यता से कहा जाए, तो प्राणी मात्र से उसी प्रकार का सम्बन्ध है, जैसा कि काया का श्वाँस से। यदि श्वाँस बन्द हो जाए, तो काया मृतप्रायः हो जाती है; श्वाँस लेने में गम्भीर अवरोध उत्पन्न हो जाए, तब जीवन के लिए भयानक स्थिति पैदा हो जाती है। स्वतंत्रता प्राणी का प्राकृतिक अधिकार है, इस रूप में उसके मस्तिष्क से जुड़ा हुआ विषय है। रूसो का कथन कि "मनुष्य स्वतंत्र उत्पन्न हुआ," इसी परिप्रेक्ष्य में देखा जा सकता है, लेकिन एक सीमा तक, क्योंकि सभी प्राणी स्वतंत्रता का विषय हैं, केवल मनुष्य ही नहीं। विपरीत इसके, बाल गंगाधर तिलक का नारा कि "स्वतंत्रता... जन्मसिद्ध अधिकार है", पूर्णतः उचित व अर्थपूर्ण है।

जहाँ तक स्वतंत्रता के अर्थ का प्रश्न है, इसके उद्देश्य अथवा ध्येय और इसकी परिधि की बात है, इस सम्बन्ध में विभिन्न कालों में अनेक प्रकार से मत व्यक्त किए गए हैं, जो आज तक भी शोधार्थियों

के लिए विश्लेषण का विषय हैं। तो भी 'स्वाधीन' शब्द से बनी 'स्वाधीनता' या 'स्वतंत्र' शब्द से बनी 'स्वतंत्रता' के सम्बन्ध में हम यदि कुछ-एक प्रसिद्ध विद्वानों के विचारों पर दृष्टि डाल लें, तो अप्रासंगिक नहीं होगा। जैसा कि मैंने कहा है कि 'स्वाधीन' शब्द से 'स्वाधीनता' बनी है। ऐसे में स्वाभाविक रूप से जानने की जिज्ञासा होगी कि अन्ततः स्वाधीन किससे? हाब्स के अनुसार "गतिशीलता हेतु बाह्य विरोध से।"[1] जान लाक के मतानुसार, जैसा कि प्रथम अध्याय में उल्लेख हुआ है, "समस्त विषयों में स्वाधीन होना, जहाँ तक विधि उसे वर्जित न ठहराए, अपनी इच्छानुसार आचरण हेतु स्वाधीन रहना, तथा किसी अन्य की अस्थिर, अनिश्चित और अज्ञात निरंकुश इच्छा से अनिर्भरता, अर्थात मुक्ति प्राप्त करना है।" केरेट की स्वीकारोक्ति है कि "अपनी इच्छानुसार कार्य करने को स्वाधीन रहना,"[2] जबकि टायलर जैसे लोग मानते हैं कि "सुसंगत विवेकपूर्ण उद्देश्य की खातिर कार्य करने की अनुभूति हेतु स्वाधीन होना ही स्वतंत्रता है।"[3]

अब स्वाधीनता प्राकृतिक अधिकार है; प्रत्येक इसके साथ ही उत्पन्न होता है, अथवा जैसा कि हमने कुछ विद्वानों के कथन में पाया, इसके अन्तर्गत बिना किसी बाधा के हर एक इच्छानुसार कार्य करना चाहता है, या फिर किसी उद्देश्य की पूर्ति हेतु व्यवहार करते समय, ऐसा करने के लिए अपने को मुक्त अनुभव करना चाहता है। यह सब इसीलिए, क्योंकि स्वतंत्रता स्वाभाविक है; प्रत्येक, सामान्य अवस्था में इसकी चाह रखता है, इसके लिए लालायित रहता है। इस स्वाभाविक लालसा का ही परिणाम है कि हजारों वर्षों से चले आ रहे दासता के दौर शनैः-शनैः दुनिया से समाप्त होते गए हैं। एक प्रकार से

स्वाधीनता की स्थिति उस बहते हुए जल के समान है, जिसके सामने भले ही कितने भी अवरोध, समय-समय पर खड़े किए जाते रहें, अन्ततः वह सभी को पार कर जाता है; अवरोध प्रभावहीन सिद्ध होते हैं।

इस स्वाभाविक इच्छा के सन्दर्भ में, तो भी, कुछ बातें महत्त्वपूर्ण होती हैं। ये ऐसी बातें हैं जिनके बिना स्वतंत्रता की स्थिति असामंजस्य में रहती है; इससे मिलने वाला फल या परिणाम जहाँ एक ओर अपूर्ण रहता है, वहीं वह कभी-कभी दुष्कर भी सिद्ध होता है। इस सम्बन्ध में पहली बात तो यह है कि स्वतंत्रता समानता का विषय है। यह सभी में, जैसा कि मैंने कहा है, समानतः सहजात या स्वाभाविक इच्छा अथवा लालसा के रूप में है। इसलिए यह तभी अर्थपूर्ण होती है, जब कोई एक अपनी स्वतंत्रता के उपभोग के समय दूसरे की स्वाधीनता को भी सुनिश्चित करे। दूसरे की कीमत पर स्वतंत्रता का उपभोग अर्थहीन, स्थायी परिणामों से रहित और स्वयं स्वाधीनता के वास्तविक उद्देश्य और इसके सिद्धान्त के विपरीत का कृत्य होता है।

दूसरी महत्त्वपूर्ण बात यह है कि स्वाधीनता, अहिंसा की ही भाँति अनुभूति का विषय है, भले ही यह स्वाभाविक भी है। इसके सम्बन्ध में यह अटल सत्य है कि भले ही कोई भी परिस्थिति हो, जब स्वाधीनता की अनुभूति हो जाती है, किसी पराधीन को शक्तिशाली-से-शक्तिशाली पराधीनकर्ता भी फिर बन्धन में नहीं रख सकता। 20वीं शताब्दी के अनेक देशों के स्वाधीनता संग्राम, जो अन्ततः सफल रहे, इस वास्तविकता की बारम्बार पुष्टि करते हैं।

स्वतंत्रता के उपभोग के समय सावधानी की बहुत आवश्यकता

है; यह अनुशासन तथा धैर्य रखने का आह्वान करती है और साथ ही मानवीयता के साथ सकारात्मक कार्यों को पूर्ण करने का भी। इन्हीं बातों के साथ, निश्चिततः स्वाधीनता भाग्य का निर्माण करने वाली होती है। मनुष्य उपरोक्त प्रमुख बातों को अपने भीतर गहराई से बैठाकर अपना ध्येय प्राप्त कर सकता है; अपने भविष्य का या फिर अपने भाग्य का स्वयं निर्माण कर सकता है। मनुष्य अन्यों के सहयोग व सामूहिक प्रयासों से सभ्यता का निर्माण कर सकता है।

सन्दर्भ :

1. गाँधी और गाँधीवाद, भाग-1 पृष्ठ 19
2. वही उपरोक्त।
3. उपरोक्त।

●●●

5

सभ्यता एवं आर्थिक पहलू

विकासक्रम में महत्त्व

विकास मानव के जीवन की आवश्यक शर्त है, इसका कोई विकल्प नहीं है। मनुष्य के जीवन में प्रगति ही सभ्यता के सच्चे निर्माण का साधन है। इसलिए किसी सभ्यता के लिए, पूर्व में उल्लिखित तीन मूल आधारों के अतिरिक्त, आर्थिक पहलू भी महत्त्वपूर्ण होता है। किसी भी दशा में इस पहलू को अनदेखा नहीं किया जा सकता। साम्यवादी विचारकों, विशेष करके फ्रेडरिक एंगेल्स[1] का दावा कि विकास अथवा सभ्यता के निर्माण में आर्थिक पक्ष सर्वाधिक महत्त्वपूर्ण रहा, इसीलिए विचारणीय है, भले ही इस सन्दर्भ में उनके द्वारा प्रस्तुत व्याख्या से मैं स्वयं पूर्णतः सहमति व्यक्त न करूँ!

प्रारम्भ में जब मनुष्य स्वच्छंद विहार करता था, तो किसी आर्थिक पहलू का उसके लिए कोई महत्त्व नहीं था। उपरान्त आर्थिक तत्त्व के पर्याय या माध्यम बने पशुओं, भूमि, विभिन्न प्रकार की धातुओं या जैसे कि वर्तमान में करेंसी नोट की भी उस काल में उसे आवश्यकता उस रूप में नहीं थी। उस समय जो उसके लिए सर्वाधिक आवश्यक था, जिसका मनुष्य के लिए महत्त्व था, वह निहित था उसके अस्तित्व की सुरक्षा के उपाय एवं उपाय के साधन में। और वह उपाय मनुष्य ने अन्य मनुष्यों के साथ मिलकर तथा टिककर रहने

में ढूँढ लिया; इस पर व्यवहार करके अपने अस्तित्व को मानव ने सुरक्षित कर लिया। निःसन्देह मनुष्य के जीवन में यह अभूतपूर्व और अत्यधिक महत्त्वपूर्ण अथवा दूसरे शब्दों में, क्रान्तिकारी परिवर्तन था, लेकिन बुद्धि और सृजनात्मकता दो अद्वितीय विशेषताओं से भरपूर मनुष्य इसी परिवर्तन पर नहीं ठहर सकता था। स्वभाव में स्थायी रूप से उपस्थित अहिंसा के कारण बुद्धि को सकारात्मक दिशा में लगाकर उसे गतिशील होना था; विकास की ओर बढ़ना ही था।

अनुकूल वातावरण की खोज करते हुए मनुष्य ने छोटे-छोटे समूहों में एक से दूसरे स्थानों को प्रस्थान किया।[2] यह प्रस्थान प्रारम्भ में तो निकटवर्ती स्थानों में ही हुआ, लेकिन बाद में दूर और बहुत दूर के क्षेत्रों में भी हुआ। मनुष्य जहाँ-जहाँ भी गया, वहाँ-वहाँ उसने निरन्तर और नए-नए विकास के अध्याय इतिहास में जोड़े। हमारे समक्ष जो विकास की स्थिति आज है, उसे देखकर हम आश्चर्यचकित हो सकते हैं, लेकिन अभी तो हमें और भी आगे जाना है। कितना आगे? कदाचित् हम सहज ही इसकी कल्पना नहीं कर सकते।

जैसा कि लगभग तीन वर्ष पूर्व "जाति, वर्ग एवं शान्ति की स्थापना...." शीर्षक से लिखे गए अपने एक लेख में मैंने स्वीकार किया है कि जिस क्षण से मनुष्यों ने छोटे-छोटे समूहों में अनुकूल वातावरण की खोज करते हुए, विकास के लिए एक स्थल से ही दूसरे स्थानों को पलायन किया, उसी क्षण से मानव समाज में विभाजन की प्रक्रिया प्रारम्भ हो गई, उसके पीछे एक सामान्य, या सहज ही समझ में आ जाने वाला तर्क है। तर्क यह है कि अन्यों से पृथक् होकर जो मानव समूह दूसरे स्थान पर जाकर बसा और उसने वहाँ जो प्रगति की

राह पकड़ी, उसने उसे अन्यों से पृथक कर दिया। कैसे? भिन्न-भिन्न स्थानों पर भिन्न-भिन्न प्रकार की जलवायु होती है। जलवायु का काया पर प्रभाव पड़ता है। इसी कारण कालान्तर में मानव समूहों में भौतिक भेद हुए, विशेष रूप से त्वचा के रंग, बालों अथवा शरीर की ऊँचाई आदि में ये भेद प्रकट हुए। सभी स्थानों पर एक समान खाद्य-पदार्थ नहीं मिलते हैं। यहाँ तक कि मांस भी सब स्थानों पर एक-सा नहीं होता। लेकिन जिस स्थान पर जो खाद्य-सामग्री, शाकाहार या मांसाहार सहित, प्राप्त होगी, वही तो वहाँ बसने वालों को भूख शान्त करने के लिए खानी पड़ेगी। ऐसा ही हुआ भी। परिणामस्वरूप विभिन्न स्थानों पर, भिन्न-भिन्न समूहों में खान-पान सम्बन्धी भेद हुए। इसी प्रकार समय की आवश्यकता एवं माँग के कारण, मानव समूहों में स्थापित व्यवस्थाओं के कारण भेद प्रकट हुए। ये समस्त भेद मानव-समाज में विभाजन को स्वीकार करने के उपरान्त भी, प्रगति के पथ पर अग्रसर होने के ही, निश्चित रूप से, परिणाम थे; यही सत्यता है।

अब जिस प्रकार सर्वप्रथम छोटे-छोटे मानव समूहों के एक से अन्य दूसरे स्थानों को प्रस्थान करने के क्षण से मनुष्य समाज में विभाजन की प्रक्रिया प्रारम्भ हुई, उसी प्रकार 'निजी' शब्द, वह पशुधन, भूखण्ड, किसी अन्य चल अथवा अचल वस्तु या धातु आदि में से भले ही किसी के लिए भी प्रयुक्त हुआ हो, के उद्भव के समय से समाज में वर्गों की उत्पत्ति की प्रक्रिया आरम्भ हुई और इसी से विकास की दिशा भी बलवती हुई। यही कारक आर्थिक पहलू का आधार भी था। चाहे किसी के द्वारा कुछ भी तर्क दिए जाएँ, बुद्धि, बल, रुचि, लगन, दक्षता, गम्भीरता और क्षमता जैसी बातें व्यक्तित्व का निर्माण करने में

प्रमुख भूमिका का निर्वाह करती हैं; और ये बातें सभी में एक समान नहीं होती। 'निजत्व' स्थापित करने में इन्हीं बातों ने प्रारम्भिककाल में निर्णायक भूमिका निभायी भी। यही 'निजत्व' उपरान्त स्वामित्व में परिवर्तित भी हुआ। सारे भूखण्ड, सम्पत्तियाँ या वस्तुएँ आदि[3] स्वामित्व का विषय हो गईं और विकास के मार्ग का साधन भी।

'निजी' शब्द के आधार पर अस्तित्व में आया आर्थिक पहलू शनैः-शनैः अथवा दिन-प्रतिदिन, महत्त्वपूर्ण बनता गया और आज तक भी इसका महत्त्व बना हुआ है; विकास के नए-नए आयामों अथवा सभ्यताओं के निर्माण में भूतकाल के साथ ही, वर्तमान में इसकी अग्रणीय भूमिका है, तथा भविष्य में भी यह भूमिका बनी रहने वाली है। ऐसी स्थिति में, अर्थात जब आर्थिक पहलू विकास के लिए, या दूसरे शब्दों में सभ्यता के निर्माणार्थ अहम हो, तो सभ्यता के मूल आधारों-अहिंसा, नैतिकता तथा स्वतंत्रता-की व्यवहार में सुनिश्चितता का होना जितना आवश्यक होता है, वह अकेले मेरे बताने की बात नहीं है। कदाचित् हम सभी इस वास्तविकता को जानते हैं। वैसे अगले अध्याय में विश्व की प्रमुख सभ्यताओं पर चर्चा के समय, जैसा कि मैंने पहले भी कहा है, यह सत्यता प्रकट हो जाने वाली है।

II

हम विश्व की अनेक सभ्यताओं के विकास, उनकी उन्नत अवस्था या श्रेष्ठता को उनके समय के उन भव्य प्रासादों, भवनों, स्मारकों आदि के अवशेषों, अथवा जहाँ कहीं वे अभी तक पूर्ण रूप से बने रह सके हैं, को देखकर भी निर्धारित करते हैं। ऐसा करते समय हम इस बात को नहीं भूल सकते कि उक्त भव्य प्रासाद, भवन

या स्मारक आर्थिक प्रगति को भी सूचित करते हैं; निश्चित ही इनके निर्माण में अर्थ की अग्रणीय भूमिका रही है, अथवा, दूसरे शब्दों में, इनके पीछे सशक्त आर्थिक पहलू रहा है।

अनेक पिरामिडों के अस्तित्वविहीन हो जाने के बाद भी अति साधारण रूप में मिस्र के अभी तक बच रहे लगभग 70 पिरामिडों को देखें, और इनमें भी उस सबसे विशाल पिरामिड को देखें, जो किओप्स अथवा ख़ूफ़ू के पिरामिड के नाम से प्रसिद्ध हैं। यह पिरामिड 146.5 मीटर ऊँचा है। आधार पर इसका प्रत्येक बाहु 230 मीटर है। दो-दो टन, अर्थात दो--दो हजार किलोग्राम भार के तेईस लाख पाषाणखण्ड इसमें लगे हुए हैं। इसके निर्माण में बीस वर्ष लगे, तथा बारी-बारी से एक लाख लोग इसके निर्माण में जुटे रहे। निःसन्देह मिस्र की सभ्यता का बखान इस पिरामिड और दूसरे पिरामिडों के आधार पर किया जाता है। ऐसा किया जाना अनुचित भी नहीं है, लेकिन पिरामिडों के निर्माण के पीछे रहे आर्थिक पहलू को किसी भी दशा में नकारा नहीं जा सकता, भले ही इस पहलू को मानव के बड़े भारी श्रम की दृष्टि से देखा जाए या प्रयुक्त सामग्री की दृष्टि से, अथवा किसी दूसरे प्रत्यक्ष-अप्रत्यक्ष रूप से जुड़े आर्थिक विषयों के दृष्टिकोण से।

इसी प्रकार दो हजार तथा लगभग एक हजार पाँच सौ वर्ष ईसा पूर्व के मध्य के समय के मिस्र के ही थीब्ज में स्थापित मंदिर को देखें, जो, जैसा कि अवशेष स्पष्ट संकेत करते हैं, बहुत भव्य था; अनुमानों के अनुसार उसमें अनेक विकसित व्यवस्थाएँ थीं। यही नहीं, मंदिर की लोकप्रियता थी और वह फराऊन के शासनकाल के समय मिस्र की सभ्यता का एक प्रतीक था। लेकिन मंदिर की भव्यता, उसकी

विकसित व्यवस्थाओं और लोकप्रियता के पीछे मुख्य कारण क्या था? उसके पास उपलब्ध विशाल भूक्षेत्र, हजारों की संख्या में पशु; एवं दूसरे प्रकार की सम्पदा।

मैसोपोटामिया की सभ्यता को उजागरकर्ता मर्दूक देवता, ताम्मुज तथा इश्तर देवी के स्थान; फारस में निर्मित कुरूष की समाधि का स्थल; यूनान के नोमास नगर के विशाल तथा भव्य राजभवन, भवनों की व्यवस्था व उनका अलंकरण; अथेना पार्थेनोस का मंदिर, इरेक्थियस का मंदिर तथा प्रथम सहस्त्राब्दी के दौरान इक्तीनस एवं कालक्रेटीज द्वारा एथेंस में निर्मित विश्व-प्रसिद्ध पार्थेनोन; पीस्टम इटली का पोसीदन मंदिर, रोम का कोलोजियम; चीन के शांग-यिन प्रदेश में प्रकाश में आए लगभग 2000 ईसा पूर्व के राजसी प्रासाद और इसी प्रकार विश्व के एक आश्चर्य के रूप में जानी जाने वाली चीन की दीवार[4] के सम्बन्ध में भी हम प्रत्यक्ष और अप्रत्यक्ष रूप से जुड़े आर्थिक तत्त्वों की बात कर सकते हैं।

उपरोक्त सभी उदाहरण, जो विश्व की विभिन्न विकसित सभ्यताओं के सन्दर्भ में मैंने दिए हैं, वे ईसा के जन्म से पूर्व के हैं। लेकिन उन सभी सभ्यताओं की स्थिति, जो ईसा के जन्म के उपरान्त की हैं, वह भी आर्थिक पहलू के सन्दर्भ में, भिन्न नहीं रही। दूसरे शब्दों में, बाद में भी अर्थ ने अपनी भूमिका का निर्वाह किया। यदि यह कहा जाए कि उपरान्त के समय में इसने पूर्व से कहीं अधिक प्रभावित किया, इसने असंख्य बार निर्णायक भूमिका निभायी, तो इसमें अनुचित कुछ नहीं होगा।

मध्य जावा-इंडोनेशिया के चंडी-मंदिर, नारा-जापान के याकूशीजी पेगोडा, रूस के नोवगोरोद के सोफिया चर्च, चौदहवीं शताब्दी में

म्यूनस्टर-जर्मनी में बने नगर पालिका भवन, समरकंद के शाह-ए-जिंदा के मकबरे, मास्को-रूस के उस्पेन्स्की चर्च तथा विश्वभर के दूसरे अनेक भवनों, प्रासादों, विशेष रूप से भारत में मुगलकाल में निर्मित ताजमहल आदि के सम्बन्ध में वही बात है, जो अन्य प्राचीन प्रासादों, स्मारकों के विषय में।

आन्तरिक और बाह्य क्षेत्रों में व्यापार भी प्राचीनकाल से सभ्यताओं के विकास का पैमाना रहा है। भारत में सिन्धु-घाटी की सभ्यता का उदाहरण ही लें, जो अपने समय में विश्व की उन्नत सभ्यता थी तथा आज तक भी उसके विकास के सम्बन्ध में बहुत कुछ कहा जाता है। उस समय नगर आन्तरिक और बाह्य, (अर्थात विदेशों के साथ व्यापार) दोनों, के केन्द्र थे। जहाँ एक ओर आन्तरिक व्यापार मुख्यतः स्थल मार्ग द्वारा होता था, वहीं दूसरी ओर विदेश-व्यापार दोनों, अर्थात समुद्री और स्थल मार्गों द्वारा किया जाता था।

'भारतीय संस्कृति के पाँच हजार वर्ष' नामक अपनी पुस्तक में भी जैसा कि मैंने उल्लेख किया है, मोहन-जो-दाड़ो में किए गए उत्खनन कार्य में एक, दो पहियों वाली गाड़ी का प्रतिरूप प्राप्त हुआ है। निश्चित रूप से इस प्रकार की गाड़ियों का परिवहन के साधन के रूप में प्रयोग किया जाता है; विशेष रूप से सिन्धु-घाटी की सभ्यता की सीमा और उसके बाहर भी इस प्रकार की गाड़ियों से माल की ढुलाई की जाती थी। सिन्धु-घाटी की सभ्यता के नगरों और भारत के ठेठ दक्षिणी भागों के नगरों के मध्य व्यावसायिक सम्बन्ध थे। दक्षिण से अनेक मूल्यवान वस्तुओं, विशेष रूप से धातुओं का उक्त नगरों को आयात किया जाता था।

सिन्धु-घाटी की सभ्यता के नगरों का, जैसा कि खुदाइयों से प्राप्त शंखों, मुद्राओं, मनकों आदि जैसी वस्तुओं से पुरातत्त्वविदों ने मत स्थापित किया है, मैसोपोटामिया के नगरों के साथ घनिष्ठ व्यावसायिक सम्बन्ध था। इसी प्रकार तुर्कमानिया के साथ व्यावसायिक सम्बन्धों की पुष्टि हुई। विशेष रूप से सुमेर के साथ व्यावसायिक आदान-प्रदान बहरीन के माध्यम से समुद्री मार्ग से होता था। सिन्धु-घाटी की अनेक वस्तुएँ वहाँ भी खुदाइयों में पाई गई हैं, जिससे इन सम्बन्धों की वास्तविकता पर मोहर लगती है। लोथल नगर में भी विदेशी व्यापार से सम्बन्धित अनेक प्रमाण प्राप्त हुए। उत्खनन के दौरान विशेष रूप से बड़े जहाजघाटों, गोदियों और पाषाण के लंगरों को पाया गया है। यही नहीं, मोहन-जो-दाड़ो और हड़प्पा से प्राप्त कई मुद्राओं तथा मूर्तियों पर मिली जहाज की मूर्ति से भी स्पष्ट हो जाता है कि उन दिनों जलयान या जहाज थे, तथा उनका उपयोग अन्य देशों के साथ व्यावसायिक गतिविधियों के लिए किया जाता था।

लोथल में उत्खनन के दौरान प्राप्त गोल मुद्रा, बहरीन और मैसोपोटामिया के कई नगरों में भी प्राप्त हुई है, जिससे सिन्धु-घाटी के नगरों एवं मैसोपोटामिया के मध्य व्यावसायिक सम्बन्धों की फिर पुष्टि होती है। यही नहीं, अनेक अन्य स्रोतों से व्यापारियों की एक-दूसरे स्थानों पर यात्राओं के उल्लेख भी प्राप्त होते हैं। इससे स्पष्ट होता है कि सिन्धु-घाटी की सभ्यता के नगरों की आन्तरिक व बाह्य, दोनों, रूपों में विकसित व्यावसायिक गतिविधियाँ थीं; और ये विकसित गतिविधियाँ उनकी उन्नति की परिचायक थीं।

सिन्धु-घाटी की सभ्यता के बाद के कालों में, वह चाहे

मगध-मौर्यकाल हो या कुषाण-गुप्तकाल, अथवा दक्षिणी भारत में पल्लवों का काल, आन्तरिक व बाह्य क्षेत्रों में व्यापार निःसन्देह उन्नति या प्रगति का सूचक था। 'सभ्यता और पल्लवकाल' से सम्बन्धित व्यावसायिक गतिविधियों का संक्षिप्त विवरण मैं परिशिष्ट संख्या दो के भाग क, ख और ग में दे रहा हूँ।

मैसोपोटामिया की सभ्यता के सम्बन्ध में भी वही बात थी जो कि सिन्धु-घाटी की सभ्यता के बारे में थी। भारत के अतिरिक्त, मिस्र और निकटवर्ती समस्त क्षेत्रों के साथ मैसोपोटामिया के नगरों के व्यावसायिक सम्बन्ध थे। इस क्रम को 12वीं शताब्दी ईसा पूर्व के हित्ती राज्य के उत्कर्ष तक विशेष रूप से हम देख सकते हैं। इसी प्रकार उत्तरी मैसोपोटामिया तथा वर्तमान ईरान के मध्य स्थित ऊँचाइयों पर उरार्तू के नाम से नौवीं-आठवीं शताब्दी ईसा पूर्व में विकसित सभ्यता के विषय भी कहा जा सकता है। लेकिन इसी काल के दौरान के फिनीशिया की स्थिति तो और भी उन्नत थी।

फिनीशिया के निवासियों का मुख्य कार्य ही व्यापार था। वहाँ के व्यापारीजन अत्यधिक कुशल नाविकों के रूप में जाने जाते थे। मुख्यतः इमारती लकड़ी, लकड़ी से बनी वस्तुओं और मदिरा का फिनीशियावासी निर्यात करते थे। मिस्र, अशर, मैसोपोटामिया के नगर व एशिया के अनेक भाग उनकी व्यापारिक सीमाओं में थे। फिनीशियाई जन भूमध्य सागर और ईजियन सागर के देशों तक की लम्बी यात्राएँ किया करते थे और उन्हें ही सर्वप्रथम समुद्री मार्ग द्वारा जिब्राल्टर पहुँचने का श्रेय प्राप्त है। एक और उल्लेखनीय बात फिनीशियावासियों की यह थी कि जहाँ कहीं भी मूल्यवान वस्तुएँ प्राप्त की जानी सम्भव

होती थीं, भले ही उनकी मात्रा कुछ कम हो, ये लोग वहाँ पहुँचकर उपनिवेश तक भी बसा लेते थे।[5]

ईसा से लगभग पाँच सौ वर्ष पूर्व एथेंस-यूनानी राज्य विशेष रूप से आर्थिक समृद्धि के शिखर की ओर बढ़ा; वहाँ की सभ्यता को एक नया आयाम मिला। इस समय एथेंस के व्यापारिक पोत ईजियन सागर, काला सागर और एशिया के अनेक तटवर्ती नगरों को आते-जाते थे। व्यावसायिक सम्बन्ध बहुत अधिक विस्तृत होते जा रहे थे; पूरे विश्व से वस्तुएँ एथेंस आती थीं और पूरे विश्व को वस्तुएँ वहाँ से जाती थीं। उदाहरणार्थ : काला सागर के तट से खाद्यान्न, लकड़ी, मधु, राल, चमड़ा और मछलियाँ; अफ्रीका की ओर से हाथी दाँत, मसाले आदि और इटली की ओर से लोहा तथा ताँबा आदि आते थे। एथेंस की ओर से जैतून का तेल, मदिरा, धातु के बर्तन और मृदभाण्ड आदि मुख्य रूप से निर्यात होते थे। एथेंस नगरी केवल आयात-निर्यात तक ही सीमित नहीं थी। विश्वभर से व्यापारियों का यहाँ आगमन भी होता था; करोड़ों के सौदे होते थे, और मुद्रा-विनिमय का बड़ी भारी मात्रा में कार्य होता था।[6]

रोमन सभ्यता के निर्माण में अहम भूमिका का निर्वाह करने वाली शक्तिशाली एत्रुरियाई जाति[7] स्वयं व्यावसायिक कार्यों में अत्यधिक दक्ष थी। दूसरे शब्दों में, सभ्यता के नाम पर जो विकास उनके समय में हुआ, उसके मूल में व्यापारिक गतिविधियाँ प्रमुख रूप से थीं।

उक्त काल से सम्बन्धित जो उत्खनन कार्य हुए हैं, उनसे ज्ञात होता है कि कृषि को अपना मुख्य कार्य बनाने वाले एत्रुरियाईजन बहुत श्रेष्ठ कामगार भी थे। वे लोग विभिन्न धातुओं, दर्पणों, कलशों और

सोने एवं हाथी दाँत के आभूषणों को बनाने में बहुत दक्ष थे; उनके ये कार्य बहुत प्रसिद्ध थे। यूनानियों के अतिरिक्त, मिस्रजनों और दूसरे सभी निकटवर्ती देशों को एत्रुरियाई उक्त वस्तुओं का निर्यात करते थे। न केवल स्थल मार्ग से ही, अपितु समुद्री मार्ग से, विशेष करके भूमध्य सागर के माध्यम से वे व्यावसायिक गतिविधियों में पूर्णतः संलग्न थे।

अन्य सभी सभ्यताओं, वे प्राचीनतमकाल की हों अथवा मध्यकाल की, के सम्बन्ध में भी लगभग यही बात थी। अर्थात, उनके विकास में आर्थिक उन्नति, वह किसी भी रूप में हो, या दूसरे शब्दों में व्यावसायिक गतिविधियों ने महत्त्वपूर्ण भूमिका का निर्वाह किया। अन्ततः इससे यही सिद्ध होता है कि सभ्यताओं के निर्माण में, या उनके उत्थान में आर्थिक पहलू सदा ही अग्रणीय रहा है।

सन्दर्भ :

1. फ्रेडरिक एंगेल्स ने 1884 ईस्वी में जूरिक से प्रकाशित "परिवार, निजी सम्पत्ति और राज्य की उत्पत्ति" नामक अपने विस्तृत लेख में, "पशुधन" को ऐसी सम्पत्ति के रूप में स्वीकार किया है जिसने मनुष्य के सभ्यता के द्वार पर पहुँचने पर सर्वप्रथम अति महत्त्वपूर्ण भूमिका का निर्वाह किया। एंगेल्स के अनुसार इसी के कारण उत्पादन की दो अवस्थाएँ प्रारम्भ हुईं; नियमित विनिमय की परिस्थितियाँ तैयार हुईं। पशुधन आर्थिक पहलू का प्रथम पर्याय बना। इसी प्रकार बाद में और भी अनेक पर्याय बने, जिन्होंने प्रथम से भी अधिक महत्त्वपूर्ण भूमिका निभायी। चूँकि यह लेख न्यूनाधिक या पूर्णतः सहमति अथवा असहमति का विषय होने, या न होने के बावजूद भी रोचक है, इसलिए अपने विषय से सम्बन्धित इस लेख के मुख्य अंशों को मैं परिशिष्ट संख्या एक में दे रहा हूँ।
2. अपने आविर्भाव के समय मनुष्य पृथ्वी के एक ही स्थान पर थे और उनमें कोई भेद नहीं था। मनुष्य का आविर्भाव पृथ्वी के किस स्थान पर हुआ? इस सम्बन्ध में विद्वानों के मध्य एक से अधिक मत हैं। एंगेल्स

जहाँ हिन्द महासागर के एक द्वीप से, जो अब जल में लीन हो चुका है, मानव का आविर्भाव स्वीकार करते हैं, जबकि कुछ विद्वानों का मत है कि केस्पियन सागर के निकट के स्थान से मानव का उदय हुआ है। चूँकि उस समय पृथ्वी के समस्त भूभाग एक-दूसरे के साथ जुड़े हुए थे, इसलिए यह भी सम्भव है कि हिन्द महासागर और केस्पियन सागर दोनों एक ही क्षेत्र में रहे हों।

3. नर-नारियाँ तक स्वामित्व की परिधि में आने वाले विषय बन गए, स्वामी तथा दास नामक वर्गों की स्थापना हो गई।

4. शान-यिन काल के समय के शान-यिन प्रदेश में उत्खनन कार्यों में जो राजप्रासाद मिले हैं, वे उस काल की सभ्यता का सहज ही संसार से परिचय कराते हैं। इन प्रासादों के अतिरिक्त खुदाई में एक मंदिर, भवनों और कार्यशालाओं से युक्त एक नगर के अवशेष और लगभग तीन सौ समाधियाँ, जिनमें से कुछ राजपरिवार के लोगों की हैं, प्रकाश में आईं हैं। राजपरिवार के लागों की समाधियों में असंख्य मूल्यवान स्वर्णाभूषण भी प्राप्त हुए हैं। बाह्य आक्रमणों से सुरक्षा हेतु ईसा पूर्व तीसरी शताब्दी में चीन की महान दीवार का निर्माण कार्य प्रारम्भ हुआ, जो अनेक वर्षों तक जारी रहा, विशेष करके सम्राट शीह हुआंग के शासनकाल में यह बनती ही रही।

5. ईजियन सागर में थसोस एवं रोउस, जो विभिन्न द्वीपों में बसाए गए थे, तथा भूमध्यसागर में स्थापित किए गए, साईप्रस, माल्टा और सिसली आदि का हम इस सन्दर्भ में विशेष रूप से उल्लेख कर सकते हैं। कार्थेज नगर, जो फिनीशियायिओं ने अफ्रीका के उत्तरी तट पर बसाया था और जो बाद में एक विख्यात राज्य के रूप में विश्व भर में प्रसिद्ध हुआ, जिसने स्वयं कई एक उपनिवेशों को स्थापित किया, अति विशेष रूप से उल्लेख का विषय है।

6. एथेंस नगर के समीप ही एथेनी नामक एक अन्य नगर विकसित हो गया था। भारी भीड़ वाले इस नगर में दुनिया के विभिन्न भागों में बोली जाने वाली बोलियाँ गूँजती रहती थीं। इस तटवर्ती नगर की गोदियों में सदैव सुदूर देशों के जलयान खड़े रहा करते थे। करोड़ों का यहाँ लेन-देन होता

था। कई प्रकार के व्यापारियों के वर्ग बन गए थे; विभिन्न देशों की प्रचलित मुद्राओं का आवागमन होता था। सुचारु ढंग से, विशिष्ट लोगों द्वारा, इसीलिए मुद्रा-विनिमय का कार्य किया जाता था।

7. सातवीं-छठीं शताब्दी ईसा पूर्व में उदित हुई इस जाति ने लगभग सारे इटली प्रायद्वीप पर अपना प्रभुत्व स्थापित कर लिया था। आज वहाँ खण्डहरों के रूप में मौजूद अनेक दुर्गों, भवनों व समाधियों के आधार पर उक्त समय की उन्नति अथवा विकसित सभ्यता का सहज ही अनुमान लगाया जा सकता है।

●●●

6

विश्व की प्रमुख सभ्यताओं के उत्थान व पतन का संक्षिप्त वृतान्त

(क) मिस्र की सभ्यता

अनेक प्रकार के खनिज पदार्थों से समृद्ध और कृषि कार्यों[1] में अग्रणीय मिस्र की सभ्यता मैसोपोटामिया, भारत अथवा यूनान की सभ्यताओं की ही भाँति, विश्व की प्राचीनतम सभ्यता रही थी। लगभग चार हजार ईसा पूर्व में यहाँ अनेक समुदाय, जिन्हें नोम कहा जाता था, सहयोग की भावना के आधार पर और एकता के वातावरण में प्रगति की कामना करते हुए अस्तित्व में आए। इन्हीं समुदायों से इस देश में उत्तरी तथा दक्षिणी-दो-राज्यों का उदय हुआ। लगभग तीन हजार दो सौ ईसा पूर्व में इन दोनों राज्यों में नेतृत्व की होड़ के कारण आपसी संघर्ष प्रारम्भ हो गया, जिसमें अन्ततः दक्षिणी राज्य को विजय प्राप्त हुई। इसके उपरान्त मेनेस ने मिस्र में एक शक्तिशाली राजसत्ता को स्थापित किया।

जैसा कि मैंने उल्लेख किया, मिस्र कृषि प्रधान देश था। मेनेस द्वारा राजसत्ता की स्थापना किए जाने के उपरान्त, कृषि कार्यों को व्यवस्थित ढंग से किए जाने के लिए विशेष कार्यक्रम बनाए गए। प्रशासनिक दृष्टि से किसानों को कई समुदायों में विभाजित किया गया। प्रत्येक समुदाय के प्रशासन का संचालन एक उच्च परिषद करती थी। यही परिषद कृषकों और राजसत्ता के मध्य कड़ी का कार्य भी करती थी। विशेष रूप से किसानों से करों की उगाही करके उन्हें राजसत्ता को अदा करना इसका कार्य था।

कृषि के अतिरिक्त दूसरे क्षेत्रों में भी योजनाबद्ध ढंग से प्रशासनिक कार्य किए जाते थे। मुख्य प्रशासनिक व्यवस्था अर्थात राजनीतिक शासन में राजा के अतिरिक्त प्रमुख परामर्शदाता, प्रधान कोषाध्यक्ष, उच्च न्यायाधीश और अन्य अधीनस्थ सम्मिलित थे। सुचारु प्रशासन की उपस्थिति और सभ्यता के निर्माण और विकास के लिए आवश्यक शर्तों के अधिकाधिक पालन का परिणाम था कि मिस्र में अभूतपूर्व उन्नति हुई। इसकी सभ्यता ऊँचाइयों को छूने लगी। यही वह समय था कि जब विश्वविख्यात पिरामिडों का निर्माण हुआ, उन पिरामिडों का, जो आज भी आश्चर्य माने जाते हैं। लगभग सत्तर पिरामिड अभी भी शेष बचे हुए हैं, जिनमें से ख़ूफू पिरामिड सबसे बड़ा है। इसकी ऊँचाई 146.5 मीटर है और इसमें 2-2 टन भार के 23,00,000 (तेईस लाख) पाषाणखण्ड लगे हुए हैं। इस पिरामिड के निर्माण में बीस वर्ष का समय लगा था।

निर्माण कार्यों के अतिरिक्त, मिस्र की सभ्यता को इस काल में और भी दूसरी बड़ी-बड़ी ऊँचाइयों को छूते हुए देखा जा सकता था, जैसे कि सिंचाई की सुव्यवस्था और धातुओं के एकत्रीकरण और विकास में। लेकिन यह और ऊँची उठे, विकसित हो तथा विश्व के इतिहास में अधिक स्थायित्व को प्राप्त हो सके, यह सम्भव नहीं हो सका। सभ्यता के मूल सिद्धान्तों से स्वयं मिस्र के लोग ही विमुख होने लगे। नोमों में आपसी संघर्ष प्रारम्भ हो गए। एक-दूसरे की स्थिति को कम करने के नियमित प्रयास किए जाने लगे; यह कहिएगा कि एक-दूसरे की स्वतंत्रता पर धावे बोले जाने लगे। परिणामस्वरूप केन्द्रीय सत्ता हिलने लगी, वह दुर्बलता की ओर बढ़ने लगी। संघर्ष

हुए, देश विभाजित हो गया और एक सभ्यता पतन की ओर चली गई।

लगभग दो हजार वर्ष ईसा पूर्व में मिस्र पुनः एकता के सूत्र में बँध गया। लेकिन इस बार की एकता मेनेस द्वारा स्थापित की गई एकता के समान नहीं थी। इसी कारण सिंचाई प्रणाली में पूर्व से अधिक सुधार तथा उसके विस्तार, दस्तकारी एवं व्यापारिक उन्नति के बावजूद भी विकास की प्रक्रिया निरन्तर जारी नहीं रह सकी। इस बार एकता के सुदृढ़ न हो पाने का कारण शासन-सत्ता के विभिन्न भागों में सुचारु रूप से बँटवारे का न होना था। इसलिए आमजन में रोष बना रहता था। जनसाधारण असन्तुष्ट रहता था। यही कारण था कि प्रगति को वह गति नहीं मिली, जो मिलनी चाहिए थी।

मेनेस के समय में एकता के उपरान्त मिस्र में लेखन, वास्तुकला, विज्ञान, गणित, खगोल और चिकित्सा आदि क्षेत्रों में जिस प्रकार अभूतपूर्व उन्नति हुई, उसकी तुलना में बाद की प्रगति बहुत ही कम थी।[2] परिणामस्वरूप असन्तुष्टता से रोष बढ़ता गया, नैतिक मूल्यों में निरन्तर गिरावट आती गई; एक दूसरे में दूरियाँ बढ़ती गईं। इस स्थिति का लाभ उठाते हुए अट्ठारहवीं शताब्दी ईसा पूर्व के अन्त में एशिया के एक कबीले[3] ने मिस्र पर आक्रमण करके वहाँ की जनता को पराधीन कर लिया।

लगभग दो शताब्दियों तक पराधीन रहने के बाद अहमोसे-प्रथम के नेतृत्व में मिस्र स्वाधीन हुआ। अहमोसे-प्रथम और उसके बाद तूथमोनिस-तृतीय[4] के शासन के समय में मिस्र शक्तिशाली सैनिक शक्ति के रूप में उभरा। शासकों ने इस शक्ति का उपयोग अपने

निकटवर्ती क्षेत्रों को, साथ ही एशिया के अनेक भागों को भी लूटने, उन पर अपनी सत्ता स्थापित करने और वहाँ की जनता को दास बनाकर उनका शोषण करने में लगाया। इस समय की मिस्र की सैन्य शक्ति की प्रमुख उपलब्धि नौसेना का गठन था, जिसमें कई प्रकार के जलयान सम्मिलित थे।

अधिकाधिक आक्रमणों और लूटों में संलग्न मिस्री शासक, इस प्रकार, आन्तरिक व्यवस्था को स्थायित्व प्रदान नहीं कर सके। समान रूप से जनता में स्वाधीनता को भी नहीं बाँट सके। यही कारण था कि स्वाधीन मिस्र उत्थान न कर सका; सभ्यता का पुनः निर्माण न कर पाया। अपनी पूर्ववर्ती गौरव की प्रतीक सभ्यता की ऊँचाइयों का फिर से छूना तो दूर रहा, उसके आस-पास भी नहीं जा सका। आन्तरिक क्षेत्र में हिंसक गतिविधियाँ बढ़ती गई; राष्ट्र दुर्बल होता गया और लगभग 1200 ईसा पूर्व में पुनः मिस्र विदेशियों के आक्रमणों का शिकार हुआ; अन्ततः उनकी पराधीनता में आ गया। मिस्र की सभ्यता पूर्णतः पत्नोन्मुखी हो गई।

(ख) मैसोपोटामिया की सभ्यता

जो सभ्यता विश्व में मैसोपोटामिया के नाम से विख्यात हुई, उसका विकास पश्चिमी एशिया में 'दजला' और 'फरात' नदियों की घाटियों में हुआ। इस क्षेत्र के दक्षिणी भाग से सुमेर नामक कबीलों ने बहुत ही योग्य ढंग से, जलाशयों, नहरों व बाँधों वाली सिंचाई प्रणाली को विकसित किया, जो सम्भवतः विश्व में अपने ढंग की पहली व्यवस्था थी। ऐसा होने से कृषि कार्यों को एक नई दिशा मिली।

सुमेरियों का पशुपालन का भी अतिविकसित ढंग था; व्यवस्थित ढंग से ही इन्होंने कृषि जोतों का बँटवारा कर रखा था। इसके अतिरिक्त करों को लगाने व उन्हें उगाहने की व्यवस्था थी। इस प्रकार इनकी सभ्य जीवन पद्धति थी।

लगभग चतुर्थ सहस्राब्दि ईसा पूर्व के अन्त में मैसोपोटामिया में 20 अथवा 25 छोटे-छोटे राज्यों का अस्तित्व था। इन राज्यों के शासक, जो पटेसी कहलाते थे, पुरोहित राजा थे। इस काल में मैसोपोटामिया की सभ्यता की गणना विश्व की उच्च विकसित सभ्यता में हुई। विकास के बढ़ते क्रम में ही अचानक उक्त राज्यों में दो में, जो सर्वाधिक शक्तिशाली भी थे,[5] संघर्ष प्रारम्भ हो गया। इसका कारण यह था कि दोनों राज्य यह चाहते थे कि मैसोपोटामिया के शेष राज्य उनके अधीन हो जाएँ। लेकिन यह इच्छा सभ्यता के मूल सिद्धान्तों के विरुद्ध थी। लम्बे समय तक दोनों राज्यों में लड़ाई चलती रही। ऐसे में आगे सभ्यता का क्या विकास होता? हिंसा के वातावरण में, जो विकास पूर्व में हो चुका था, उसे भी हानि पहुँची। लड़ते-लड़ते दक्षिणी मैसोपोटामिया के लोग, जो विश्व-प्रसिद्ध सभ्यता के पोषक रहे थे और इसके उत्तराधिकारी थे, पीछे रहे गए, तथा लगभग दो हजार पाँच सौ ईसा पूर्व में मैसोपोटामिया क्षेत्र के ही केन्द्रीय एवं उत्तर-पश्चिमी भागों में निवासकर्ता कबीलों[6] के प्रशासक सरगोन-प्रथम ने सुमेरियों को पराजित करके उनकी सत्ता पर अधिकार कर लिया।

हमुराबी, जो कि आज तक भी अपने कार्यों के आधार पर विश्व के इतिहास में अपना विशेष स्थान रखता है, के राज्यकाल में मैसोपोटामिया को पुनः एकता के सूत्र में पिरोने के प्रयास हुए।[7]

मैसोपोटामिया का बेबीलोन नगर विश्व का एक सुविख्यात आर्थिक, राजनीतिक, सामाजिक तथा सांस्कृतिक केन्द्र बन गया। यद्यपि हमुराबी ने युद्ध, अर्थात हिंसा के मार्ग द्वारा विजय प्राप्त करके मैसोपोटामिया को एकता के सूत्र में पिरोया था, लेकिन एकतोपरान्त उसने नियमानुसार कार्य किए; धर्म, विज्ञान, संस्कृति तथा साहित्य का अच्छे ढंग से विकास करने के प्रयास किए। उसके काल में अनेक क्षेत्रों में जो प्रगति हुई, उसके परिणामस्वरूप एक बार पुनः मैसोपोटामिया की सभ्यता का ध्वज लहरा उठा।

यह सब स्वाभाविक था। कृषि क्षेत्र के अतिरिक्त शिल्पकलाओं, व्यापार-वाणिज्य आदि में भी खूब उन्नति हुई। उस काल से सम्बन्धित अनेक साहित्यिक कृतियाँ, जिनमें गिल्गामेश[8] बहुत विख्यात है, अभी भी उपलब्ध है। यही नहीं, अपितु खगोल, गणित आदि विषय विकास के उच्च शिखर पर थे। जो निर्माण कार्य उस समय हुए, तथा जिनके अवशेष अभी शेष हैं, उस काल की सभ्यता के विकास का सहज ही बखान करते हैं। लेकिन यह विडम्बना है कि हमुराबी के शासनकाल में बेबीलोन के समाज का जिस सीमा तक विकास हुआ, बेबीलोन जिसके आधार पर अपने स्वर्णयुग में पहुँचा, वह अपने स्वरूप में अधिक समय तक नहीं टिक सका। उस पर अनेक और निरन्तर बाह्य आक्रमण हुए, आन्तरिक संघर्षों का बोलबाला हो गया, जिन्होंने अन्ततः बेबीलोन की सभ्यता को पतन की ओर धकेल दिया।

ईसा पूर्व आठवीं शताब्दी में मैसोपोटामिया के उत्तरी छोर पर अशरनगर के चारों ओर असीरिया राज्य का उदय हुआ। इसके शासन तिगलाथ पिलेसर-तृतीय[9] के शासनकाल (745-727 ईसा

पूर्व) में राज्य की प्रगति प्रारम्भ हुई, जो उसके बाद के राजाओं[10] के राज्यकाल तक जारी रही। परिणामस्वरूप असीरिया विश्व का एक सम्पन्न और शक्तिशाली केन्द्र बन गया। इस काल में मुख्य उपलब्धियाँ थीं सड़कों, भवनों, नहरों व नगरों आदि का निर्माण। अन्य विशेष बात रही थी निकटवर्ती क्षेत्रों के साथ ही अन्तर्राष्ट्रीय स्तर पर व्यावसायिक गतिविधियों का प्रसार, अर्थात भारी मात्रा में आयात एवं निर्यात। शासकों ने स्वयं इन गतिविधियों में बढ़-चढ़कर अपनी भूमिका का निर्वाह किया। लेकिन ऐसा करते समय अव्यवस्था, जिससे आन्तरिक प्रशासन चरमरा रहा था, पर वे नियंत्रण नहीं कर सके। शनैः-शनैः जनोत्पीड़न में वृद्धि होती गई, राज्य बिखरने लगा और पुनः सभ्यता काल के गाल में समा गई।

(ग) यूनान की सभ्यता

लोहे, चाँदी और सोने जैसे खनिजों से समृद्ध यूनान में, जैसा कि अब तक हुए उत्खनन कार्यों से निष्कर्ष निकाला गया है, तीसरे और दूसरे सहस्त्राब्दि ईसा पूर्व के मध्य एक विकसित सभ्यता थी। इस सभ्यता के काल में वहाँ श्रेष्ठ सामाजिक, सांस्कृतिक तथा आर्थिक विकास था। राजनीतिक दृष्टि से नगर-राज्य जैसे कि माईसीने, तिरेन्स और पाईलोस थे।

खुदाई के उपरान्त मिले आभूषणों, यंत्रों, मिट्टी और धातुओं से निर्मित बर्तनों, विभिन्न प्रकार की वहाँ से प्राप्त मुद्राओं, भवनों के अवशेषों, जिनकी दीवारें भित्तिचित्रों से अलंकृत थीं, और विशेष रूप से नोमास नगर में अनावृत किए गए विशाल तथा भव्य प्रासाद आदि

से उक्त सभ्यता के अति समृद्ध होने के दावे की पुष्टि होती है। विशाल महल का सिंहासन कक्ष, इसमें गलियारों की व्यवस्था, इसका हमास, इसमें जलापूर्ति का ढंग आदि जैसी बातें निर्विवाद रूप से उस समय की वहाँ की विकसित इंजीनियरी प्राविधियों का खुलासा करती हैं। इससे दो बातें बिल्कुल स्पष्ट हो जाती हैं :

1. यूनान की सभ्यता विश्व की उस समय की दूसरी सभ्यताओं की तुलना में तनिक भी कम विकसित नहीं थी; और
2. इस सभ्यता में विशालता थी; कई क्षेत्रों में यह दूसरी समकालिक सभ्यताओं से आगे भी थी। वैसे उस समय वहाँ श्रेष्ठ लेखन-कला मौजूद थी; और जो अनेक अभिलेख उत्खनन कार्यों में प्राप्त हुए हैं, उनसे सिद्ध होता है कि साईप्रस, मिस्र, फिनीशिया आदि सहित अनेक अन्य देशों के साथ यूनान के वाणिज्यिक सम्बन्ध भी थे।

यूनान की यह विकसित और स्मरणीय सभ्यता, तो भी, दीर्घजीवी नहीं हो सकी। यूनान के उत्तरी भाग से ही दोरियायी कबीलों ने, निरन्तर विकसित सभ्यता के केन्द्रों पर अधिकार करने के उद्देश्य से, आक्रमण प्रारम्भ कर दिए; जनता की बड़े पैमाने पर हत्या और उसकी लूट का क्रम चला, जिससे यूनान के विशिष्ट नगर मिट्टी में मिल गए। इन नगरों के निवासियों की वैज्ञानिक और कलात्मक उपलब्धियाँ काल के गाल में समा गईं।

लगभग सात सौ व छः सौ ईसा पूर्व के मध्य के काल में यूनान में अभूतपूर्व सामाजिक-आर्थिक प्रगति हुई। लोहे के प्रयोग, कला-कौशल, मुद्रा के प्रचलन[11], व्यवस्थित राजनीतिक व्यवस्था[12] और उन्नत

व्यापार-पद्धति इस प्रगति का आधार थी। यही समय था जब एथेंस, स्पार्टा और कोरिथ जैसे बड़े-बड़े केन्द्र विकसित हुए, जिन्हें नगर-राज्य कहा जाता है और जहाँ से संसार में सर्वप्रथम प्रजातंत्रात्मक शासन का कथित प्रारम्भ होना स्वीकारा जाता है।

इस समय स्पार्टा यदि राजनीतिक व्यवस्था का एक उदाहरण था[13] तो एथेंस का गणतंत्र भी महत्त्वपूर्ण था। यही नहीं, एथेंस में समाज का तीन भागों-यूपेत्रीद, देमोस तथा मेतिक में विभाजन था। इसी विभाजन के आधार पर एथेंसवासी अपने-अपने कार्यों को करते थे। इनमें देमोसों की संख्या सर्वाधिक थी और किसानों, कामगारों तथा व्यापारियों के अतिरिक्त अन्य लोग इनमें सम्मिलित थे। स्पष्टतः कहना हो तो यह कह सकते हैं कि देमोस एथेंस का जनसाधारण वर्ग था।

फलते-फूलते यूनानी समाज में राजनीतिक संघर्ष प्रारम्भ हुआ। मुख्यतः किसान वर्ग ने अपनी स्वतंत्रता के अधिकार के लिए इसे प्रारम्भ किया, जो प्रचंड होता गया। यह छठी शताब्दी ईसा पूर्व में चरम सीमा पर पहुँच गया। इसी काल में सोलोन और क्लीस्थेनीज ने अनेक सुधारात्मक कदम भी उठाए; विशेषतः एथेंस में शासन को लोकतान्त्रिक बनाने का कार्य किया गया, लेकिन आशानुरूप स्थिति न बन सकी। जो उपलब्धियाँ प्राप्त हुई थी, उनमें कोई वृद्धि न होकर कमी ही हुई। उपरान्त फारस के साथ युद्धों में यूनान को बहुत हानि हुई, यद्यपि फारस से वह पराजित नहीं हुआ।

कुछ समयोपरान्त, पाँचवीं शताब्दी ईसा पूर्व में पुनः एथेंस आर्थिक समृद्धि के शिखर पर पहुँचा। न केवल प्रजातंत्रात्मक व्यवस्था

के दृष्टिकोण से, अपितु वास्तुकला, शिक्षा, रंगमंच, कला, नाटक आदि क्षेत्रों में इस बार इसने चमत्कारिक उपलब्धियाँ प्राप्त कीं। लेकिन फिर 27 वर्षों के पेलोपोनिशियाई युद्ध ने, जो यूनान के नगर-राज्यों की आपसी प्रतिद्वंद्विता का परिणाम था, उपलब्धियों को छिन्न-भिन्न कर दिया। आगे भी यही क्रम चला और यूनानी सभ्यता भी उसी दशा में आ गई, जिसमें मिस्र और मैसोपोटामिया की सभ्यताएँ आई थीं।

(घ) भारत की सभ्यता

विश्व में जन्म लेने वाली महान और प्राचीन सभ्यताओं में से भारतीय सभ्यता एक है। चार हजार वर्ष ईसा पूर्व में विकसित मिस्र की उन्नत सभ्यता का ज्ञान हमने प्राप्त किया। इसी प्रकार मैसोपोटामिया में चौथी सहस्त्राब्दि ईसा पूर्व के अन्त में फली-फूली सभ्यता को भी हमने जाना। इन दोनों कालों, अर्थात ईसा पूर्व के चतुर्थ सहस्त्राब्दि के प्रारम्भ और अन्त के समय, भारत में भी सभ्यता थी। यहाँ के लोग उन्नत जीवन जीते थे, जिसका अनुमान उत्खनन कार्यों के फलस्वरूप प्राप्त उपकरणों, जो सम्पूर्ण पश्चिमी क्षेत्र और साथ ही देश के दक्षिणी भाग में मिले हैं, से लगाया जा सकता है; नृवैज्ञानिकों के अनुसंधानों, जिनमें उन्होंने उस काल के मानव के रहन-सहन और उसके द्वारा उपयोग में लाई जाने वाली वस्तुओं का खुलासा किया है, से जाना जा सकता है।

उस काल में मानव निर्मित अलंकृत मृद्‌भांड, पशुओं को पालने की प्रथा, सूक्ष्माश्यों को गढ़ने की रीति और धातु का प्रयोग भी अनायास ही भारतीयों की सभ्यता की ओर संकेतकर्ता चिह्न हैं।

लेकिन मिस्र में चार हजार वर्ष पूर्व जिस प्रकार पिरामिडों का निर्माण हुआ और जिनमें से अनेक आज भी उस समय की वहाँ की सभ्यता के सजीव उदाहरण बनकर हमारे सामने खड़े हैं, वैसा निर्माण कार्य सम्बन्धी उस युग का कोई चिह्न भारत में नहीं है। ऐसा न होने से कदापि यह अर्थ, तो भी, नहीं लगाया जा सकता है कि उस समय भारतीय सभ्यता निम्न स्तर की रही होगी। हो सकता है कि निर्माण कार्यों के सम्बन्ध में मिस्रीजन भारतीयों या मैसोपोटामिया के लोगों, अथवा यूनानियों से आगे रहे हों। परन्तु केवल निर्माण कार्य या भवन, प्रासाद, स्मारक अथवा समाधियाँ ही किसी सभ्यता के उन्नत अथवा विकसित होने का प्रमाण नहीं होतीं। सभ्यता के सही विकास को उसके पोषकों के दिन-प्रतिदिन के व्यवहारों से, जिनका सभ्यता के मूल आधारों के साथ सामन्जस्य हो, ही समझा जा सकता है।

यह निश्चित है कि जब कभी भी सोद्देश्य भारत में भूमि की गहराई में जाकर उत्खनन कार्य हो सकेंगे, मिस्र या मैसोपोटामिया से कहीं अधिक प्राचीन व उन्नत सभ्यता के होने के प्रमाण यहाँ मिलेंगे।[14] अभी तक जो प्रमुख विश्लेषण उत्खनन कार्यों के फलस्वरूप सामने आया है, उसके अनुसार सिन्धु नदी की घाटी में ईसा से 2500-2000 वर्ष पूर्व में एक सभ्यता विकसित हुई। इस सभ्यता का विस्तार उत्तर से दक्षिण की ओर लगभग ग्यारह सौ किलोमीटर तथा पश्चिम से पूर्व की ओर लगभग सोलह सौ किलोमीटर था। हड़प्पा[15], मोहन-जो-दाड़ों[16], सूरकोटड़ा[17], कालीबंगन[18], कोट दीजी[19], लोथल[20], आदि स्थानों पर किए गए उत्खनन कार्यों से अनावृत हुए नगर व बस्तियाँ इस सभ्यता का खुलासा करती हैं। आइएगा! इस सभ्यता की प्रमुख विशेषताओं से साक्षात्कार करें :

1. नगर और बस्तियाँ

सिन्धु-घाटी की सभ्यता के विकास के प्रथम, लेकिन सबसे महत्त्वपूर्ण लक्षण को हम बस्तियों और नगरों के निर्माण और उनकी व्यवस्था में देख सकते हैं। यद्यपि उस समय भी, आज के भारत की भाँति अधिकांश जनसंख्या ग्रामीण बस्तियों में ही रहती थी, लेकिन ग्रामों के लोग स्वच्छता को बनाए रखने में दक्ष थे; कृषि कार्यों के ग्राम ही केन्द्र थे, वे भरपूर मात्रा में जौ, तिल तथा धान, कपास आदि उगाते थे। सिंचाई के लिए वे वर्षा के समय बाढ़ आदि से एकत्रित किए गए जल का सदुपयोग करते थे।

उस काल के नगर जिस तरह स्पष्ट पद्धति, समान योजना तथा नियमानुसार पाए गए हैं, उससे सिन्धु-घाटी की सभ्यता के अति उन्नत, विकसित और अग्रणीय होने की पुष्टि होती है। उस काल के दो बड़े नगरों मोहन-जो-दाड़ो तथा हड़प्पा को अनावृत किया गया है। हड़प्पा नगर में, जो निर्धारित योजना के अनुसार निर्मित है, मकानों का वर्गीकरण है। नगर में दुर्ग, अन्नागार, प्रासाद आदि की उपस्थिति है। जल निकास की व्यवस्था है।

मोहन-जो-दाड़ो में, जो कि अनुमानों के अनुसार 35,000 से 1,00,000 के मध्य की जनसंख्या वाला और कोई ढाई वर्ग किलोमीटर क्षेत्रफल वाला नगर रहा, सभागार, हाटस्थल, सार्वजनिक और धार्मिक अनुष्ठानों के उद्देश्य से निर्मित तालाब और अन्नागार मिले हैं। यहाँ भी नालियों के माध्यम से सुव्यवस्थित जल निकासी का प्रबन्ध देखने को प्राप्त हुआ है। मोहन-जो-दाड़ो में दो प्रकार की सड़कें देखी जा सकती हैं। पहली मुख्य सड़क, जो दस मीटर तक चौड़ी है; दूसरी

सहायक या छोटी सड़कें जो इस मुख्य सड़क पर आकर मिलती हैं। सड़कों में टेढ़ापन नहीं, भले ही वे कितनी भी संकरी हों। समस्त छोटी या सहायक सड़कें मुख्य सड़क को समकोण पर ही काटती हैं।

कालीबंगन में, जो सिन्धु-घाटी की सभ्यता का एक और प्रमुख नगर रहा है, सुरक्षा की दृष्टि से किए गए उन्नत प्रबन्धों की पुष्टि होती है। यद्यपि शेष व्यवस्थाएँ यहाँ भी न्यूनाधिक मोहन-जो-दाड़ो एवं हड़प्पा की भाँति देखी जा सकती हैं, लेकिन इस विषय, अर्थात सुरक्षा व्यवस्था के सम्बन्ध में यहाँ की स्थिति देखते ही बनती है। यहाँ एक दुर्ग पाया गया है, जिसे शेष नगर से केवल दो मार्ग ही जोड़ते हैं। सुरक्षा की आवश्यकता के अनुसार कभी नगर व दुर्ग को, जो निःसन्देह एक वर्ग विशेष, अर्थात अधिकारियों या संचालकों का निवास स्थान रहा, पृथक-पृथक किया जा सकता था। यहीं रक्षा पंक्तियों की निर्माणकर्त्री एक चौड़ी दीवार भी मिली है, जिसके दूसरी ओर प्रशासनिक भवन थे। ये भवन सम्पूर्ण सिन्धु-घाटी के अन्य प्रमुख नगरों की भाँति पक्की ईंटों से निर्मित हैं।

कालीबंगन व हड़प्पा की तरह के सूरकोटड़ा में मिले दुर्ग की विशेषता यह है कि उसे एक आरक्षित परकोटा शेष नगर से पृथक करता है। यहाँ के भवन एक से तीन मंजिलों तक के रहे हैं; मकानों की छतें शेष नगरों की भाँति सपाट हैं; उनमें हवा का प्रबन्ध है और प्रत्येक घर में एक कुआ पाया गया है। छोटे-छोटे छिद्रों से, जो दीवारों के ऊपरी भाग में हैं, प्रकाश की घरों में व्यवस्था की गई है तथा घरों के द्वार लकड़ी के बनाए गए हैं।

सिन्धु-घाटी की सभ्यता के समस्त नगरों में सम्पन्न और दीन-

दोनों-प्रकार के निवासी थे। दीनजन के घर अपेक्षाकृत छोटे, कच्ची ईंटों के और छप्परों वाली छतों के थे। सम्पन्न लोगों के घर अनेक सुविधाओं से भरपूर थे। उनमें उपभवनों, आँगनों, अन्न तेलादि के भण्डारणों, रसोइयों, चूल्हों-तन्दूरों, साथ ही पशुओं के रखे जाने की सुचारु व्यवस्थाएँ थीं।

यद्यपि सौराष्ट्र में अभी केवल योजनाबद्ध ढंग से निर्मित एक ही ऐसे नगर, लोथल, का पता चला जिसमें अन्य नगरों की भाँति सुविधाओं और व्यवस्थाओं के अतिरिक्त बन्दरगाह भी था, लेकिन यह निश्चित है कि उक्त समय के कई और नगर भी ऐसे थे, जो तटवर्ती होने के कारण न केवल आन्तरिक, अपितु बाह्य व्यापार का केन्द्र भी थे। नगरों की विशेषता मुख्यतः उनका सिन्धु और उसकी सहायक नदियों, साथ ही गंगा और यमुना के निकटवर्ती क्षेत्रों में होना रहा था।

2. व्यवसाय और दिनचर्या

कृषि सिन्धु-घाटी की सभ्यता के पोषकों का मुख्य व्यवसाय था। ग्रामवासी, जैसा कि पहले भी कहा है, विभिन्न प्रकार की फसलें उगाते थे। हेंगों और हलों से भूमि को बीज डालने योग्य बनाते थे। भेड़ों, बकरियों और गायों जैसे पशुओं को चाव के साथ पालते थे; दूध देने के अतिरिक्त और भी कई प्रकार से ये पालतू पशु लोगों के काम आते थे। इसके अतिरिक्त कुत्ते और हाथी, मुर्गे आदि के होने के प्रमाण भी मिले हैं।

इस काल में कृषि और पशुपालन के अतिरिक्त यंत्र, बर्तन व अस्त्र बनाना; गलाई, ढलाई और गढ़ाई करना; मूर्तियाँ, आभूषण और

मृद्भाण्ड निर्माण; कताई, बुनाई में संलग्नता आदि, आमजन की दिनचर्या में सम्मिलित कार्य रहे थे। ये समस्त कार्य आत्मनिर्भरता और दक्षता के प्रतीक चिह्न थे। आज भी ये चिह्न न्यूनाधिक भारत के अनेक ग्रामों में पाए जाते हैं और इस प्रकार उस काल की सभ्यता के प्रभाव और सम्पर्क के अभी तक न मिट पाने का भान हमें कराते हैं।

नगरों में निवासकर्ता जन व्यापारिक गतिविधियों में संलग्न थे। स्वर्ण, चाँदी और इनसे निर्मित आभूषणों, धातुओं और पाषाणों से बनाए गहनों का क्रय-विक्रय वे करते थे। पशुओं को ग्रामों की भाँति नगरों में भी पाले जाने का लोगों में चाव था; निश्चित ही पालतू पशु प्रत्येक घर की शोभा होता था। भारत के नगरों में आज भी इस चीज, अर्थात पशुपालन के चिह्न नहीं मिट पाए हैं। कई स्थानों पर अभी भी इसे देखा जा सकता है।

3. सामाजिक-राजनीतिक ढाँचा और व्यवस्था

निश्चित रूप से सिन्धु-घाटी की सभ्यता के काल में एक सामाजिक-राजनीतिक ढाँचा अथवा व्यवस्था रही थी। इस सम्बन्ध में विशेष रूप से शासक के मुख्यालय, प्रासाद और सभागार जैसे भवनों का उत्खनन कार्यों में मिलना; गढ़ियों की उपस्थित और सुरक्षा पंक्तियों की उपस्थिति राजनीतिक ढाँचे की ओर संकेत करती हैं।

चूँकि सिन्धु-घाटी की सभ्यता के काल के नगरों में सार्वजनिक धान्यागारों, स्नानागारों, अन्नागारों और साथ ही ऐसे अनेक अन्य चिह्नों को पाया गया है, इनसे सिद्ध होता है कि लोग 'सामूहिक' और 'परस्पर सहयोग' से भरपूर उन्नत जीवन जीते थे। सभ्यता को दीर्घायु बनाने के लिए यह बहुत ही महत्त्वपूर्ण व आवश्यक पहलू होते हैं,

क्योंकि इनमें एक-दूसरे की स्वतंत्रता की रक्षा तथा नैतिकता का भाव समाया होता है। फिर 'सामूहिकता' और विशेष रूप में परस्पर सहयोग की भावना के मूल में अहिंसा ही होती है।

जल संभरण हो या निकासी अथवा सफाई, इनसे जुड़े सभी कार्य प्रशासनिक स्तर पर किए जाते थे। तौल प्रणाली, नगर में निर्माण, प्रविधियाँ आदि पर भी संभवतः प्रशासनिक नियंत्रण था; सुरक्षा सम्बन्धी कार्यों, विशेष रूप से सैनिकों से जुड़े विषयों पर प्रशासन द्वारा निर्णय लिए जाते थे। आपदाओं, वे दैवीय भी हों, तो उनसे निपटने के उपाय किए जाते थे। शासन उदार था, न कि कोई कठोर तानाशाही। नगरों में नगर-परिषदें थीं।

सांस्कृतिक दृष्टिकोण से निश्चित ही कहा जा सकता है कि उस समय उन्नत भाषा, लिपि, लेखन-विधि आदि लोगों के पास थी। नागरिकों के पास पहचान-पत्र थे तथा अनेक अन्य बातें, जो सांस्कृतिक दृष्टि से महत्त्वपूर्ण मानी जा सकती हैं, जैसे कि भव्यता, विशेषकर के निर्माण के सबन्ध में, भी उस काल में मौजूद थीं। पुरोहितजन भी थे, व्यापारी भी, श्रमिक और दूसरे वर्ग भी। मंदिर, मूर्तियाँ, पूजागृह थे, साथ ही अनेक देवताओं की उपासना का प्रचलन था।

4. बाह्य-आन्तरिक सम्बन्ध और सम्पर्क

सिन्धु-घाटी की सभ्यता के पोषकों के आन्तरिक रूप से, अर्थात एक-दूसरे नगर व बस्तियों के लोगों के साथ सम्पर्क थे, और घनिष्ठ सम्बन्ध थे। दो पहियों वाली गाड़ी से माल या वस्तुएँ लाई व भेजी जाती थीं। तुर्कमानिया, मैसोपोटामिया, बहरीन, दिलमुन, मगन,

मेलूहा आदि देशों के साथ यहाँ के लोग व्यापार करते थे; मूल्यवान वस्तुओं, मुख्यतः आभूषणों को इस व्यापार में प्रमुखता से सम्मिलित किया जा सकता है।

तटवर्ती नगर लोथल में उत्खनन कार्यों में प्राप्त जहाज घाट, गोदियाँ व लंगर स्पष्ट करते हैं कि समुद्री मार्ग से व्यापार कार्य भी होता था। नदियाँ इस कार्य हेतु सहायक के रूप में कार्य करती थीं। व्यापार कार्य के आधार पर ही विदेशों के साथ भारतीयों के सांस्कृतिक सम्बन्ध भी स्थापित हुए।

उक्त विशेषताओं से सम्पन्न सिन्धु-घाटी की सभ्यता सैंकड़ों वर्षों तक विद्यमान रही। सभ्यता के मूल आधारों से इसके पोषक बँधे रहे। लेकिन संसार में स्थायी तो कुछ है ही नहीं। क्षण-प्रतिक्षण, दिन-प्रतिदिन या वर्ष-प्रतिवर्ष परिवर्तन प्रकृति का नियम है; कुछ भी, कोई भी इसका अपवाद नहीं है। सिन्धु-घाटी की सभ्यता के नगरों का प्राकृतिक आपदाओं, विशेष करके जल संभरण तथा भूमि के खारा होने, निरन्तर तथा भारी बाढ़ों के आने और मरुस्थल के प्रसार होने, तथा नदियों, मुख्यतः सिन्धु नदी की धारा में परिवर्तन के कारण ह्रास हुआ। जो यह कहते हैं कि आर्यों के प्रवेश के समय द्रविड़ों के साथ उनके संघर्ष, इन नगरों के ह्रास का कारण थे, वे सही नहीं हैं। वास्तव में आर्यों व द्रविड़ों के अन्ततः मिलनोपरान्त भारत की सभ्यता एक नए मोड़ पर आई; 'समन्वय' की श्रेष्ठ उपलब्धि के आधार पर उसका नवनिर्माण हुआ।

आर्य-द्रविड़ संगमोपरान्त से 20वीं शताब्दी ईस्वी के अन्त तक के लगभग चार हजार वर्ष के लम्बे समय में भारतीय सभ्यता के

उत्थान-पतन के संदर्भ में अनेक बातें की जाती हैं। वैदिककाल, उत्तर वैदिककाल, मुगलकाल, ब्रिटिशकाल, गाँधीवादी युग और इसके उपरान्त भारत की स्वतंत्रता से आज तक भी, मेरी दृष्टि में अनेक वे बातें, जो निःसन्देह रूप से सभ्यता के मूलभूत आधारों को बनाए रखने में आवश्यक तथा महत्त्वपूर्ण होती हैं, भारतीयों के आचरणों का, न्यूनाधिक, भाग रही हैं। यही नहीं, देशकाल की परिस्थितियों में जब भी आवश्यक था, एक या अनेक महापुरुषों ने जन्म लेकर भारतीय जन के जीवन से भटकाव को दूर करते हुए, उन्हें उनकी गौरवमयी सभ्यता का स्मरण कराया; सभ्यता के मूल आधारों-अहिंसा, नैतिकता और समानता- को भारतीय परिवर्तित समय या परिस्थिति में अपनी दिनचर्या का अनिवार्य भाग बनाएँ, इसके लिए उनका मार्ग प्रशस्त किया।

परिवर्तन के शाश्वत नियम में प्रत्येक शाश्वत मूल्य को भी परिस्थितियों में अनुकूल बनाना महत्त्वपूर्ण कार्य होता है। उक्त महान पुरुषों ने, न्यूनाधिक, ऐसा ही किया। भारतीयों ने उनका अनुसरण किया। परिणाम स्वरूप भारतीय सभ्यता कभी भी पूर्णतः मिटी नहीं। यही भारत का सौभाग्य रहा और इसीलिए दावे के साथ यह कहा जाता है कि विश्व की अन्य महान सभ्यताओं के समाप्त हो जाने पर भी भारतीय सभ्यता जीवित रही। भारतीय सभ्यता के पोषक इसके मूल आधारों से पूर्णतः विमुख नहीं हुए।

सभ्यता के मूल आधारों को बनाए रखने हेतु आवश्यक महत्त्वपूर्ण बातों, विशेष रूप से भारतीय सभ्यता के सन्दर्भ में, की ओर मैंने संकेत किया था। इस परिप्रेक्ष्य में मैं समन्वय और

विकासोन्मुखता का विशेषतः उल्लेख करना चाहूँगा, क्योंकि इन्हीं के कारण अहिंसा का एक अति व्यावहारिक स्वरूप, सहयोग, सदैव भारतीय समाज में बना रहा; नैतिक मूल्य मिटे नहीं तथा दूसरे की स्वतंत्रता की कीमत को समझने की भावना लोगों में रही। प्रगति की राह रुकी नहीं। इसीलिए यदि मौर्यकाल में एक, तो गुप्तकाल में दूसरी उपलब्धि सामने आई। इसी प्रकार बाद के समयों में भी यह क्रम जारी रहा। भारतवासियों को यही ध्यान में रखना होगा कि समन्वय और विकासोन्मुखता उनको मिली वह विरासत है, जो उनकी सभ्यता के आधारभूत मूल्यों को सदैव बनाए रखने में सहायक है; उनके लिए अनुकूल वातावरण का निर्माण करने में सक्षम है।

सन्दर्भ :

1. वास्तव में नील नदी के वरदान के रूप में प्रसिद्ध मिस्र की भूमि उपजाऊ है। लगभग 5 महीने, अर्थात जुलाई से नवम्बर तक निरन्तर बाढ़ों के क्रम के कारण ही यहाँ भूमि उपजाऊ बनी है। प्राचीन काल में भी स्थिति ऐसी ही थी। खेती करना आसान था। चार हजार ईसा पूर्व के जिस समय की हम बात कर रहे हैं, उस समय नील की घाटी में खजूर एवं गूलर के फलों से भरपूर वृक्षों का बाहुल्य था। इन वृक्षों की, फसल के अतिरिक्त, लकड़ी भी उपयोगी थी, विशेष रूप से गूलर की। यही कारण था कि मिस्र की जनता कृषि कार्यों में संलग्न थी; वह अत्यन्त चाव के साथ इसे अपने मुख्य व्यवसाय के रूप में अपनाए हुए थी, हालांकि मिस्र की घाटी के सीमावर्ती पर्वतों में ग्रेनाइट और भवनों के निर्माणार्थ उपयोगी पत्थर भरपूर मात्रा में उपलब्ध थे। इसी के साथ, यहाँ की नूबिया पर्वत शृंखला में स्वर्ण-भण्डार भी मौजूद थे।
2. मेनेस द्वारा स्थापित मिस्र की एकता के बाद वहाँ की सभ्यता अभूतपूर्व रूप से विकसित हुई। उसने ऐसे कीर्तिमान स्थापित किए कि वह विश्व की अपने समय की श्रेष्ठतम सभ्यता बन गई। उस सभ्यता के आज

तक भी उदाहरण दिए जाते हैं; पिरामिडों के निर्माण की कला के अतिरिक्त, उस काल में लेखन-पद्धति का विशेषतः आविष्कार हुआ। मिस्र के लोग उन दिनों में पत्थरों पर लिखने के लिए विशेष प्रकार के चिह्नों, चित्रों अथवा चित्रलेखों का उपयोग करते थे। उन्होंने एक सरल लिपि का विकास किया था; ललितकला विकसित की थी। सुन्दर मंदिरों का, जैसे कि कर्नाक में, निर्माण किया था। वे दार्शनिक गणन प्रणाली के उपयोग में दक्ष थे; विज्ञान के मूल सिद्धान्तों से परिचित थे। वे त्रिभुज, समलंब और वृत्त के क्षेत्रफलों का आंकलन करते थे। उन्होंने आकाश पिंडों की गतियों के प्रेक्षण के आधार पर एक पंचांग बनाया था, जिसमें वर्ष को बारह महीनों और तीन सौ पैंसठ दिनों में विभक्त किया गया था। इसी के साथ-साथ मानव शरीर से सम्बन्धित ज्ञान में भी मिस्रीजन बहुत उन्नति कर चुके थे; वहाँ शल्य चिकित्सा का विकास हो गया था।

3. यह कबीला 'हिक्कोस' के नाम से जाना जाता था।
4. जिसका शासनकाल 1525 तथा 1491 ईसा पूर्व के मध्य का था।
5. 'लगाश' तथा 'उम्मा'।
6. जो इतिहास में 'अक्कादी' के नाम से प्रसिद्ध है।
7. लगभग 1792 और 1750 ईसा पूर्व के मध्य।
8. वास्तव में बेबीलोन के समाज पर धार्मिकता का बहुत प्रभाव था। विज्ञान हो अथवा संस्कृति या कोई दूसरा क्षेत्र, सभी पर धार्मिक गतिविधियाँ हावी थीं। मर्दूक व शमाश जैसे देवता और इश्तर जैसी देवी की पूजा की जाती थी। अनेक साहित्यिक कृतियाँ भी धार्मिक विषयों से सम्बद्ध थीं। गिल्गामेश नामक महाकाव्य में वास्तव में महाप्रलय का वृतान्त है, जिसे रोचक ढंग से प्रस्तुत किया गया है।
9. जिसने बेबीलोन को जीत लिया था।
10. मुख्य रूप से सरगोन-द्वितीय (722-705 ईसा पूर्व) तथा असारहदीन (680-609 ईसा पूर्व) के शासनकाल में।
11. इसी समय यूनान में धातुओं के सिक्कों की ढलाई प्रारम्भ हुई, जो मुद्रा के रूप में चलन में आए।
12. जिसके अन्तर्गत मीत्रोपोलिस, जो वास्तव में स्वतंत्र थे, के संविधान,

नागरिकता सम्बन्धी नियम, अन्य कानून, न्यायालय तथा मुद्रा आदि को सम्मिलित किया जा सकता है। यही नहीं, जनसंख्या की वृद्धि होने पर अन्यत्र पुनर्वास की व्यवस्था, व्यावसायिक प्रगति हेतु उठाए जाने वाले कदम आदि भी इसी व्यवस्था के अंग थे।

13. स्पार्टा का राजनीतिक ढाँचा अपने ही किस्म का था, और उसने आने वाली शताब्दियों में अपने प्रभाव की छाप छोड़ी। इस नगर-राज्य के राजनीतिक ढाँचे या संगठन का संक्षिप्त विवरण मैं परिशिष्ट संख्या तीन में दे रहा हूँ।

14. वास्तव में सिन्धु-घाटी की सभ्यता के समय के उत्खनन कार्यों (जो हड़प्पा, मोहन-जो-दाड़ो आदि स्थानों पर हुए) की अन्तिम परत के नीचे भी ओर प्राचीन सभ्यता के होने के और चिह्न प्राप्त हुए हैं, लेकिन भूमिगत जलसरिताओं की भरमार के कारण खुदाई का कार्य और नीचे तक सफलतापूर्वक नहीं हो सका है। राजस्थान के एक स्थान पर उत्खनन कार्यों के दौरान सिन्धु-घाटी की सभ्यता से पूर्व काल की बस्तियाँ और घर मिले हैं, जिससे यह तो स्पष्ट है ही कि इस सभ्यता से पहले भी यहाँ लोग निवास करते थे। चूँकि इस स्थान से प्राप्त वस्तुएँ काफी उन्नत हैं, इसलिए उस समय के लोगों का जीवन व दिनचर्या उन्नत रही होगी, ऐसा भी माना जा सकता है।

15-16. वर्तमान में पाकिस्तान के सिन्ध प्रान्त के लरकाना जनपद में अनावृत किए गए प्राचीन नगर, जो सिन्धु-घाटी की सभ्यता के काल में विकसित और उन्नत केन्द्र रहे थे।

17. गुजरात में पाई गई एक बस्ती।

18. राजस्थान में उत्खनन कार्यों के समय खोजा गया एक स्थान।

19. पाकिस्तान में ख़ैरपुर के निकट अनावृत की गई एक बस्ती।

20. सौराष्ट्र में अन्वेषित एक नगर।

21. ये गढ़ियाँ न केवल हड़प्पा, मोहन-जो-दाड़ो, कालीबंगन में ही, अपितु दूसरे नगरों में भी समान रूप से प्राप्त हुई हैं। इन नगरों में से कालीबंगन की गढ़ी विशेष आकर्षण का विषय है। यहाँ इसके दो भाग हैं : उत्तरी और दक्षिणी। उत्तरी भाग में लोगों के निवास स्थान रहे, जबकि दक्षिणी

भाग में विशेष रूप से बनाया गया भवन समूह, जिसमें धार्मिक या अन्य सार्वजनिक गतिविधियों का संचालन होता होगा। दक्षिणी भारत में कच्ची ईंटों से निर्मित चबूतरे और इनमें से एक चबूतरे पर निर्मित वेदी से उक्त धारणा को पर्याप्त बल मिलता है।

●●●

7

निष्कर्ष

उत्थान व पतन की वास्तविकता

अब तक के अपने समस्त अध्ययन में सभ्यता के अर्थ, उसके निर्माण में रहे आधारों और साथ ही इसके विकास में आर्थिक पहलू के योगदान को हमने देखा। हमने विश्व की चार प्रमुख, प्रसिद्ध और प्राचीन सभ्यताओं - मिस्र, मैसोपोटामिया, यूनान और भारत- के उत्थान तथा पतन का संक्षेप में विश्लेषण भी किया। यद्यपि इन सभ्यताओं के अतिरिक्त और अन्य सभ्यताएँ भी प्राचीनकाल में विश्व के दूसरे भागों में विकसित हुईं, विशेष रूप से चीन की सभ्यता भी प्राचीन है, लेकिन इन चार के विश्लेषण से ही वह पर्याप्त निष्कर्ष हमारे समक्ष आ जाता है, जिसकी अपेक्षा अपनी चर्चा को प्रारम्भ करते समय हमने की थी।

यह वास्तविकता है कि किसी सभ्यता के निर्माणार्थ एक या दो व्यक्तियों अथवा एक या दो वर्गों का नहीं, अपितु न्यूनाधिक परिधि में आने वाले सभी का योगदान होता है। इसलिए सभ्यता के साथ जो विकास होता है, उसके फल में सभी भागीदार होते हैं; सभी को उनका भाग मिलना चाहिए। दूसरे, प्रत्येक कोई यह चाहता है कि उसकी व्यक्तिगत स्वतंत्रता बनी रहे, निर्मित सभ्यता के एक अभिन्न अंग के रूप में उसकी शान्ति को भंग नहीं किया जाए। लेकिन दूसरों के बल

पर, या अन्यों की कीमत पर जब कोई व्यक्ति या व्यक्ति-समूह स्वतंत्रता को सुदृढ़ करने का प्रयास करता है, अपने लिए शान्ति स्थापित करता है, अथवा अपनी समृद्धि या विकास के मार्ग को अन्य का शोषण करते हुए तय करता है, तो ऐसी स्थिति में सभ्यता, वह कितनी भी विकसित या महान हो, के समक्ष कठिनाइयाँ उत्पन्न होती हैं, और अन्ततः सभ्यता का पतन हो जाता है।

मिस्र, मैसोपोटामिया, यूनान और भारत, इन चार सभ्यताओं के पतन या उत्थान के सन्दर्भ में जो मैंने संक्षिप्त विवरण प्रस्तुत किया, उनसे उक्त वास्तविकताओं की पुष्टि होती है। साथ ही हमें इनके विश्लेषण से भली-भाँति यह ज्ञान भी होता है कि कौन से कारक सभ्यता का निर्माण करते हैं? निःसन्देह वही कारक, जिन्हें मैंने सभ्यता के मूल आधार कहा है। अहिंसा इन मूल आधारों में सर्वोपरि है, जो सहयोग का मूल है। नैतिकता और स्वतंत्रता इसके साथ जुड़े हुए दो अन्य प्रमुख या मूल आधार हैं।

विश्व की समस्त सभ्यताओं को, मैं पुनः दोहरा रहा हूँ, निर्माण इन्हीं मूल आधारों पर हुआ है। समय-समय पर जब भी सभ्यताओं का पतन हुआ, भले ही वह मिस्र में हो या यूनान में, मैसोपोटामिया में अथवा चीन में, उसके पीछे कारण सम्बन्धित सभ्यता के पोषकों का निर्माणकर्ता मूल आधारों से विपरीत दिशा को प्रस्थान करना रहा था। भारत की सभ्यता यदि पूर्णतः नहीं मिटी, तो निश्चिततः इसी कारण कि भारतीयों ने इन मूल आधारों को पूरी तरह कभी भी समाप्त नहीं होने दिया; भारतीयों ने कठिनतम परिस्थितियों को झेला, बर्बरताओं का सामना किया और आततायियों के आक्रमण व अत्याचार सहे,

लेकिन सभ्यता के आधारों से वे विमुख नहीं हुए। इनको वे न्यूनाधिक थामे रहे।

विपरीत भारत के, अन्य सभ्यताओं के पोषक अहिंसा से कई बार पूर्णतः विमुख हुए। उनके व्यवहार अनैतिक बन गए। पर स्वतंत्रता की परवाह उन्हें नहीं रही। इसलिए जो परिणाम सामने आए, वे अवश्यम्भावी थे। हमें आज भी स्मरण रखना चाहिए कि बिना अहिंसा, नैतिकता और स्वतंत्रता के सच्चे अर्थों में हम न तो किसी सभ्यता के निर्माण की बात कर सकते हैं, और न ही उसकी गौरव गाथा का बखान कर सकते हैं। हम तथाकथित विकास की बात कर सकते हैं, लेकिन जब तक वह विकास सबके भाग में न आए, वह अर्थहीन होता है; उसे सच्चे अर्थों में विकासोन्मुख नहीं माना जा सकता।

हमें सभ्य कहलाना है, सभ्यता का दंभ भरना है, तो हमारी प्रवृत्तियों का अहिंसक होना आज भी उतना ही आवश्यक है, जितना हमारे पूर्वजों के लिए था। इसी प्रकार हमारे लिए नैतिकता का पालन करना या नैतिक मूल्यों के प्रति सकारात्मक रहना आज भी उतना ही आवश्यक है, जितना पहले था। यही बात स्वतंत्रता के सम्बन्ध में भी है। अपने ही साथ दूसरे की स्वाधीनता को सुनिश्चित करना पूर्व की भाँति वर्तमान में भी आवश्यक है। इन्हीं आधारों की कसौटी पर आर्थिक पहलू, जो वास्तव में सभ्यता के निर्माणार्थ महत्त्वपूर्ण भूमिका का निर्वाह करता है, भी खरा उतरना चाहिए।

इतिहास का अध्ययन करने पर समय-समय पर विश्व की अनेक सभ्यताओं के बाह्य बर्बर आक्रमणों द्वारा विनाश के वृतान्त हमें

मिलते हैं। इस सन्दर्भ में मैं किसी विशेष देश की सभ्यता के उजाड़े जाने की चर्चा नहीं कर रहा हूँ, अपितु सामान्य रूप से एक बात कहना चाहता हूँ। वह बात यह है कि बर्बरतापूर्ण आक्रमणों, जिनमें भले हिंसा का ताण्डव हुआ, अनैतिक कार्य सीमा को लाँघ गए और व्यक्तिगत स्वतंत्रता को ताक पर रख दिया गया, लेकिन सबके उपरान्त भी कोई आक्रान्ता स्थायी रूप से किसी सत्यता का विनाश नहीं कर सका। भारत स्वतः इस सत्यता का सजीव उदाहरण है। इस देश ने अनेक आक्रमणों और क्रूरताओं को झेला। कभी-कभी तो लम्बे समय तक अत्याचार सहे, लेकिन विभिन्नता में एकता वाले इस देश की सभ्यता का कोई विनाश नहीं कर पाया। हाँ, आक्रमणों से भारतीय सभ्यता को कई बार हानि पहुँची, लेकिन इसके पोषकों ने उस हानि को अल्प समय में पूर्ण कर दिया। वास्तव में सभ्यता का विनाश तब होता है, जब स्वयं उसके पोषक मूल आधारों के विपरीत चले जाते हैं। सत्यता यही है, और यही आगे भी रहेगी।

●●●

४

परिशिष्ट

१

परिवार, निजी सम्पत्ति और राज्य की उत्पत्ति

जंगली युग की मध्यम अवस्था में उत्पन्न होकर तथा उसकी उन्नत अवस्था में और विकास करने के उपरान्त गोत्र-व्यवस्था, जहाँ तक हम अपनी मूल सामग्री से किसी निष्कर्ष पर पहुँच सकते हैं, बर्बर युग की निम्नावस्था में पूर्ण उत्कर्ष पर पहुँच गई थी।

इस अवस्था में, जिसका उदाहरण अमेरिकी-भारतीय प्रस्तुत करते हैं, हम गोत्र-व्यवस्था को पूर्ण विकसित रूप में पाते हैं। प्रत्येक कबीला कई गोत्रों में, प्रायः दो गोत्रों में, बँटा होता था। जनसंख्या में वृद्धि होने पर ये आदिम गोत्र पुनः अनेक पुत्री-गोत्रों में विभाजित हो जाते थे; और उनके सम्बन्ध में मातृ-गोत्र बिरादरी के रूप में प्रकट होता था। स्वयं कबीला भी अनेक कबीलों में बँट जाता था, जिनमें से हर एक में प्रायः वे ही प्राचीन गोत्र होते थे। कम-से-कम कुछ स्थानों में एक-दूसरे से सम्बन्धित कबीले मिलकर एक महासंघ बना लेते थे। यह सरल संघटन उन सामाजिक परिस्थितियों के पूर्णतः अनुकूल था, जिनसे वह उत्पन्न हुआ था। वह एक प्रकार की विशिष्ट प्राकृतिक समूहबद्धता से अधिक कुछ न था और इस रूप में संगठित समाज में

जो आन्तरिक टकराव हो सकते थे, उनका निपटारा करने में समर्थ था। बाह्य क्षेत्र में टकराव युद्ध के द्वारा तय किए जाते थे, जिनका अन्त किसी कबीले के मिट जाने तक में हो सकता था। लेकिन उसकी अधीनता में कदापि नहीं। गोत्र-व्यवस्था में शासकों और शासितों के लिए कोई स्थान नहीं था; इसी बात में गोत्र-व्यवस्था की महानता और उसकी सीमा, दोनों, हैं। आन्तरिक क्षेत्र में सभी अधिकारों और कर्तव्यों में विभेद न हुआ था; किसी अमेरिकी-भारतीय के समक्ष यह प्रश्न कभी नहीं उठता था कि सार्वजनिक विषयों में भाग लेना, रक्त प्रतिशोध लेना तथा क्षतिपूर्ति करना उसका अधिकार है या कर्तव्य। यह प्रश्न उतना ही अर्थहीन प्रतीत होता था जितना यह कि खाना, सोना या आखेट करना उसका कर्तव्य है अथवा अधिकार। न ही कोई कबीला या गोत्र भिन्न-भिन्न वर्गों में बँट सकता था। इसलिए अब हमें यह देखना चाहिए कि इस व्यवस्था का **आर्थिक आधार** क्या था?

जनसंख्या बहुत ही छितरी हुई थी। वह केवल कबीले के निवासस्थान में ही घनी होती थी, जिसके चारों ओर कबीले के लिए आखेट के निमित्त एक विस्तृत जंगली क्षेत्र होता था, और उसके भी आगे वह तटस्थ संरक्षक वन्य भूमि होती थी, जो उस कबीले को दूसरे कबीलों से पृथक करती थी; साथ ही उसकी रक्षा भी करती थी।

कबीले में पाया जाने वाला श्रम-विभाजन केवल स्वाभाविक स्वरूप का ही था, अर्थात केवल स्त्री और पुरुष के मध्य श्रम-विभाजन पाया जाता था। पुरुष युद्ध में भाग लेते थे। वे आखेट करते थे। मछलियाँ मारते थे। आहार की सामग्री जुटाते थे। इन समस्त कार्यों के लिए वह यंत्र तैयार करते थे। स्त्रियाँ घर की देखभाल करती थीं और

भोजन तैयार करती थीं। वे खाना पकाने, साथ ही बुनने व सीने का कार्य करती थीं। प्रत्येक अपने-अपने कार्य-क्षेत्र का स्वामी था; पुरुषों का जंगल में प्राधान्य था, तो स्त्रियों का घर में। प्रत्येक उन यंत्रों का स्वामी था, जिन्हें उसने बनाया था और जिनका वह उपयोग करता था; अस्त्र और आखेट करने व मछलियाँ मारने के यंत्र पुरुषों की सम्पत्ति थे और घर के सामान, बर्तन-भांडे स्त्रियों की सम्पत्ति थे। कुटुम्ब सामुदायिक प्रकार का था और एक गृहस्थी में अनेक और प्रायः बहुत से परिवार एक साथ रहते थे।[1] जो कुछ साथ मिलकर तैयार किया और जिसका उपयोग किया जाता था, जैसे कि घर, उद्यान, नाव आदि, वह सबकी सामूहिक सम्पत्ति होता था। अतः वह "कमायी हुई सम्पत्ति" यहाँ और केवल यहीं मिलती है, जिसे न्यायशास्त्री और अर्थशास्त्री सभ्य समाज की विशेषता बताते हैं और जो आधुनिक पूँजीवादी स्वामित्व का अन्तिम असत्यमय कानूनी आधार बनी हुई है।

मानव, तो भी, प्रत्येक स्थान पर इसी अवस्था में नहीं रहा। एशिया में उसे ऐसे पशु मिल गए, जिन्हें पालतू बनाया जा सकता था और बाड़े में रखकर उनकी नस्ल बढ़ाई जा सकती थी। जंगली भैंस का आखेट करना पड़ता था, लेकिन पालतू गाय प्रतिवर्ष एक बछड़ा और दूध भी देती थी। अनेक सर्वाधिक उन्नत कबीलों ने जैसे कि आर्यों, सामीजन और सम्भवतः तूरानियों ने भी पशुओं को पालतू बनाया, और उपरान्त पशुपालन तथा पशुप्रजनन को अपना मुख्य व्यवसाय बना लिया। पशुपालक कबीले बर्बर लोगों के विशाल जनसमुदाय से पृथक हो गए। यही प्रथम बड़ा सामाजिक श्रम-विभाजन था। ये पशुपालक कबीले अन्य बर्बर कबीलों से न केवल अधिक खाने-पीने

की सामग्री तैयार करते थे, अपितु अधिक विविधतापूर्ण सामग्री तैयार करते थे। उनके पास न केवल दूध से निर्मित वस्तुएँ और दूसरे कबीलों की तुलना में अधिक मात्रा में मांस होता था, अपितु उनके पास खालें, ऊन, बकरियों के बाल और ऊन को काटकर बनाए गए वस्त्र भी होते थे, जिनका उपयोग, कच्चे माल की मात्रा में दिन-प्रतिदिन होने वाली बढ़ोत्तरी के साथ-साथ, निरन्तर बढ़ रहा था। इससे प्रथम बार नियमित रूप से विनिमय सम्भव हुआ। इससे पूर्व की अवस्थाओं में केवल कभी-कभार ही विनिमय सम्भव था; कुछ लोगों की अस्त्रों और यंत्रों के निर्माण में विशेष निपुणता अस्थायी श्रम-विभाजन को सम्भव बना सकती थी। उदाहरणार्थः अनेक स्थानों पर नवीन प्रस्तर युग के पाषाण यंत्र निर्मित करने वाले कारखानों के अवशेष मिले हैं, जिनके सम्बन्ध में किसी प्रकार के सन्देह की सम्भावना नहीं है। इन कारखानों में जो अपनी क्षमता का विकास किया करते थे, बहुत सम्भव है कि वे पूरे समुदाय के लिए कार्य करते थे, जैसा कि भारत की गोत्र-व्यवस्था वाले समुदायों के स्थायी हस्तशिल्पी आजकल भी करते हैं। हर दशा में, उस अवस्था में कबीले के भीतर विनिमय के अतिरिक्त किसी अन्य प्रकार के विनिमय के आरम्भ होने की सम्भावना नहीं थी और वह विनिमय भी केवल अपवाद स्वरूप ही था। परन्तु जब पशुपालक कबीलों ने स्पष्ट आकार ग्रहण किया, तो भिन्न-भिन्न कबीलों के सदस्यों के मध्य विनिमय प्रारम्भ होने तथा विकास करने और (साथ ही) एक नियमित सामाजिक प्रथा के रूप में समाज में जड़ जमा लेने के लिए समस्त अनुकूल परिस्थितियाँ उत्पन्न हो गईं। प्रारम्भ में एक कबीला दूसरे कबीले के साथ अपने-अपने

गोत्र के प्रमुख के माध्यम से विनिमय करता था, परन्तु जैसे–जैसे पशुओं के रेवड़ लोगों की पृथक सम्पत्ति बनते गए, वैसे–वैसे अलग–अलग व्यक्तियों के मध्य होने वाले विनिमय का अधिकाधिक प्राधान्य होता गया; यहाँ तक कि अन्त में वही विनिमय का एकमात्र रूप हो गया। पशुपालक कबीले जो मुख्य वस्तु दूसरे कबीलों को विनिमय में देते थे, वह थी पशुधन। अतएव वह माल बन गया, जिसके द्वारा अन्य सभी मालों का मूल्य मापा जाता था और जिसे प्रत्येक स्थान पर लोग प्रसन्नतापूर्वक दूसरे मालों के बदले में लेने को तैयार रहते थे। सारांश यह है कि पशुधन ने मुद्रा का कार्य ग्रहण कर लिया और इस अवस्था में वह मुद्रा का कार्य भी देने लगा था। माल के विनिमय के आरम्भ में ही एक विशेष माल–मुद्रा की माँग अनिवार्य रूप से और तीव्रगति से विकसित होने लगी।

सम्भवतः बर्बरयुग की निम्नावस्था के एशियाईजन को बागवानी का ज्ञान नहीं था, लेकिन अधिक–से–अधिक बर्बर युग की मध्यम अवस्था तक तो वह अवश्य ही इन लोगों में कृषि के पूर्ववर्ती के रूप में प्रारम्भ हो गई होगी। तूरान की पहाड़ियों की जलवायु ऐसी नहीं थी कि लम्बे और कड़ाके के शीत के दिनों के लिए चारे का प्रबन्ध किए बिना वहाँ पशुपालक जीवन व्यतीत किया जा सके। इसलिए यहाँ चारे और अन्न की कृषि के बिना कार्य नहीं चल सकता था। काले सागर के उत्तर में जो स्तेपी प्रदेश है, वहाँ भी ऐसी ही दशा थी। लेकिन जब पशुओं के लिए एक बार अनाज बोया जाने लगा, तो वह

शीघ्र ही मनुष्यों का भोजन भी बन गया। कृषि-भूमि अब भी कबीले की सम्पत्ति बनी रही और वह पहले गोत्रों के मध्य वितरित कर दी जाती थी; गोत्र उसे सामुदायिक कुटुम्बों में और अन्ततः अलग-अलग व्यक्तियों में उपयोगार्थ वितरित कर देता था। उन्हें भूमि के उपयोग का कुछ अधिकार प्राप्त था, लेकिन उससे अधिक कुछ नहीं।

इस अवस्था की औद्योगिक उपलब्धियों में दो विशेष रूप से महत्त्वपूर्ण हैं। एक है करघा, दूसरा है खनिज धातुओं को गलाने व साफ करने तथा धातुओं से काम की वस्तुओं को बनाने की कला। उनमें ताँबे, टिन, और उपरान्त उन्हें मिलाकर बनाए जाने वाले काँसे का सर्वाधिक महत्त्व था। काँसे से बड़े काम के यंत्र और अस्त्र बनते थे, परन्तु वे पत्थर के यंत्रों की आवश्यकता तो समाप्त नहीं कर सकते थे। यह कार्य तो केवल लोहा ही कर सकता था, परन्तु उसका उत्पादन अभी तक ज्ञात नहीं था। सोना व चाँदी आभूषण बनाने एवं सजावट के काम में आने लगे थे और वे उस समय भी ताँबे तथा काँसे से कहीं अधिक मूल्यवान समझे जाने लगे होंगे।

जब पशुपालन, कृषि, घरेलू हस्तशिल्प आदि समस्त क्षेत्रों में उत्पादन का विकास हुआ, तो मानव श्रमशक्ति, जितनी पोषण में व्यय होती थी, उससे अधिक उत्पन्न करने लगी। साथ ही गोत्र के, अथवा सामुदायिक कुटुम्ब के या पृथक-पृथक परिवारों के प्रत्येक सदस्य पर पूर्व से कहीं अधिक कार्य का उत्तरदायित्व आ पड़ा। इसलिए कहीं और से श्रम-शक्ति को लाए जाने की आवश्यक प्रतीत हुई। और वह युद्ध से प्राप्त हुई। युद्ध में जो लोग बन्दी हो जाते थे, अब उनको दास बनाया जाने लगा। उस समय की सामान्य ऐतिहासिक परिस्थितियों

में जो प्रथम बड़ा सामाजिक श्रम-विभाजन हुआ, वह श्रम की उत्पादन-क्षमता को बढ़ावा, अर्थात धन में वृद्धि करके और उत्पादन के क्षेत्र का विस्तार करके समाज में अपने पीछे निश्चिततया दास-प्रथा को ले आया। प्रथम दीर्घ सामाजिक श्रम-विभाजन के परिणामस्वरूप स्वयं समाज के प्रथम बड़े विभाजन का उदय हुआ; समाज दो भागों में बँट गया। एक ओर दासों के स्वामी हो गए और दूसरी ओर दास; एक ओर शोषक हो गए तथा दूसरी ओर शोषित।

पशुओं के रेवड़ कब और कैसे कबीले अथवा गोत्र के सामूहिक स्वामित्व से पृथक-पृथक परिवारों के मुखियाओं की सम्पत्ति बन गए, यह हम आज तक नहीं जान सके हैं। परन्तु मुख्यतः यह परिवर्तन इसी अवस्था में हुआ होगा। पशुओं के रेवड़ों तथा अन्य सम्पदाओं के कारण परिवार के भीतर क्रान्ति हो गई। जीविका उपार्जन सदैव पुरुष का कार्य रहा था। जीविका उपार्जन के साधनों का वही उत्पादन करता था तथा वही उनका स्वामी होता था। अब पशुओं के रेवड़ जीविका उपार्जन के नए साधन बन गए थे; प्रारम्भ में जंगली पशुओं को पकड़कर पालतू बनाना, उपरान्त उनका पालन-पोषण करना, यह पुरुष का ही कार्य था। इसलिए वह पशुओं का स्वामी होता था और उनके बदले में प्राप्त होने वाले भिन्न-भिन्न प्रकार के माल (वस्तुओं) तथा दासों का भी स्वामी होता था। इसलिए उत्पादन में जो अतिरिक्त पैदावार होती थी, वह पुरुष की सम्पत्ति होती थी; नारी उपभोग में हिस्सा बँटाती थी, परन्तु उसके स्वामित्व में नारी का कोई भाग नहीं होता था। "जंगली" और आखेटक घर में नारी को प्रमुख स्थान प्रदान कर स्वयं गौण स्थान से ही संतुष्ट था। सीधे-साधे गडरिये

ने अपनी सम्पदा के बल पर मुख्य स्थान पर स्वयं अधिकार कर लिया और नारी को गौण स्थान पर धकेल दिया। नारी कोई आपत्ति नहीं उठा सकती थी। पति और पत्नी के मध्य सम्पत्ति का विभाजन परिवार में श्रम-विभाजन द्वारा नियमित होता था। श्रम-विभाजन पहले जैसा ही था, तो भी अब उसने घर के भीतर के सम्बन्ध को एकदम उलट-पलट दिया था, क्योंकि परिवार के बाहर श्रम-विभाजन परिवर्तित हो गया था। जिस कारण से पहले घर में नारी सर्वेसर्वा थी, अर्थात घरेलू कामकाज तक ही सीमित, उसी ने अब घर में पुरुष का आधिपत्य सुनिश्चित बना दिया। जीविका उपार्जन के कार्य की तुलना में नारी के घरेलू काम का महत्त्व जाता रहा। अब पुरुष का कार्य ही सब कुछ और स्त्री का काम एक महत्त्वहीन योगदान मात्र रह गया। यहाँ हम अभी से ही स्पष्टतः यह बात कर सकते हैं कि जब तक महिलाओं को सामाजिक उत्पादन के कार्य में पृथक और केवल घरेलू निजी कार्यों तक ही सीमित रखा जाएगा, तब तक स्त्रियों का स्वतंत्रता प्राप्त करना और पुरुषों के साथ समानता का अधिकार प्राप्त करना असम्भव है, और असम्भव ही बना रहेगा। स्त्रियों की स्वतंत्रता केवल उसी समय सम्भव होती है, जब वे बड़े पैमाने पर, सामाजिक स्तर पर, उत्पादन में भाग लेने में समर्थ हो पाती हैं, और जब घरेलू कार्य उनके न्यूनतम ध्यान पर आधारित रहते हैं। और यह केवल बड़े पैमाने के आधुनिक उद्योग के परिणामस्वरूप ही सम्भव हुआ है, जो न केवल स्त्रियों के लिए ऐसा सम्भव बना देता है कि वे बड़ी संख्या में उत्पादन में भाग ले सकें, अपितु जिनके लिए स्त्रियों को उत्पादन में खींचना आवश्यक होता है, और इसके अतिरिक्त जिसमें घर के निजी काम-काज को भी एक सार्वजनिक उद्योग बना देने की प्रवृत्ति होती है।

जब घर में पुरुष की वास्तविक प्रभुता स्थापित हो गई, तो उसकी तानाशाही स्थापित होने के मार्ग में जो अन्तिम बाधा थी, वह भी समाप्त हो गई। मातृसत्ता के ह्रास, पितृसत्ता की स्थापना एवं युग्म विवाह के शनैः-शनैः एकनिष्ठ विवाह की प्रथा में संक्रमण से उस तानाशाही की परिपुष्टि हुई और वह स्थायी बनी। इससे पुरानी गोत्र-व्यवस्था में दरार पड़ गई। एकनिष्ठ परिवार एक शक्ति बनकर गोत्र के अस्तित्व के लिए एक चुनौती बन गया।

अगला पग हमें बर्बर युग की उन्नत अवस्था में ले आता है। यह वह अवस्था है, जिसमें से सभ्य जातियाँ अपने वीरकाल से निकली हैं। यह लौह-खड्ग का युग है। साथ ही लोहे की फाल वाले हल तथा लोहे की कुल्हाड़ी का भी युग है, जब लोहा मनुष्य का सेवक बन गया था। यदि हम आलू को छोड़ दें, तो लोहा इन सभी कच्चे मालों में अन्तिम तथा सर्वाधिक महत्त्वपूर्ण है, जिन्होंने इतिहास में क्रान्तिकारी भूमिका का निर्वाह किया है। लोहे के कारण पूर्व से अधिक बड़े पैमाने पर खेत बनाकर फसल उगाना और लम्बे-चौड़े वन्य क्षेत्रों को कृषि कार्यों के लिए स्वच्छ बनाना सम्भव हो गया। उससे हस्तशिल्पियों को इतने कठोर और तीव्र यंत्र मिल गए कि जिनके समक्ष न कोई पत्थर ठहर सकता था और न ही कोई धातु ठहर सकती थी। परन्तु यह सब कुछ धीरे-धीरे ही हुआ। प्रारम्भ में जो लोहा तैयार हुआ था, वह प्रायः काँसे से भी मुलायम होता था। इस कारण पत्थर से बने यंत्र धीरे-धीरे ही लुप्त हुए। हम न केवल 'हिल्डेब्रांड के गीत' में पाषाण निर्मित कुल्हाड़ियों को युद्ध में प्रयुक्त होते हुए सुनते हैं, अपितु हेस्टिंग्स की लड़ाई में भी, जो 1066 में हुई थी, उनका प्रयोग होते देखते हैं।

लेकिन अब प्रगति की धारा अबाध हो गई, बाधाएँ पूर्व से कम हो गई और गति पहले से तीव्र हो गई। कबीले का अथवा कबीलों के महासंघ का केन्द्रीय स्थल नगर बन गया, जिसकी बुर्जदार और मोखेदार चहारदीवारी के घेरे में पाषाण या शिलाओं से बने भवन होते थे। यह नगर जहाँ वास्तुकला में प्रगति का सूचक था, वहीं वह पूर्व से बढ़े हुए भय और उससे बचाव से प्रबन्ध की आवश्यकता का द्योतक भी था। धन-सम्पत्ति तीव्रतापूर्वक बढ़ रही थी, लेकिन यह अलग-अलग व्यक्तियों की धन-सम्पदा थी। बुनाई, धातुकर्म और दूसरी हस्तकलाओं का, प्रत्येक का, पृथक विशिष्ट स्वरूप होता जा रहा था और वस्तुओं में अधिकाधिक सफाई, सुन्दरता व विविधता आती जा रही थी। कृषि से अब न केवल अन्न, दालें और फल मिलते थे, अपितु तेल व मदिरा भी मिलती थी। अब लोगों ने तेल निकालने और मदिरा बनाने की कला सीख ली थी। अब कोई एक व्यक्ति इतने भिन्न प्रकार के कार्य नहीं कर सकता था; इसलिए अब दूसरा बड़ा श्रम-विभाजन हुआ; दस्ताकारी कृषि से पृथक हो गई। उत्पादन में जो निरन्तर वृद्धि हो रही थी और उसके साथ-साथ श्रम की उत्पादन क्षमता में जो बढ़ोत्तरी हो गई थी, उसने मानव श्रम-शक्ति का मूल्य बढ़ा दिया। दास-प्रथा जो गत स्थिति में अंकुरित हो रही थी और केवल कहीं-कहीं पाई जाती थी, अब समाज-व्यवस्था का एक आवश्यक अंग बन गई। दासजन अब केवल सहायक ही न रह गए, अपितु उन्हें बीसियों की संख्या में कृषि और कारखानों में कार्य करने के लिए हाँका जाने लगा। कृषि और दस्तकारी, इन दो शाखाओं में उत्पादन के बँट जाने के फलस्वरूप अब विनिमय के लिए ही उत्पादन, वस्तुओं का उत्पादन

होने लगा। उसके साथ-साथ न केवल अपने क्षेत्र के भीतर, न केवल विभिन्न कबीलों के क्षेत्रों की सीमाओं पर, अपितु समुद्र के पार भी व्यापार होने लगा। इस सबका अभी बहुत कम विकास हुआ था। सार्वत्रिक वस्तुएँ-मुद्रा का कार्य करने वाली बहुमूल्य धातुओं का पूर्व से अधिक प्रयोग होने लगा था, परन्तु वे अभी भी सिक्कों के रूप में नहीं ढाली जाती थीं और केवल तोलकर उनका विनिमय होता था।

अब स्वतंत्रजन एवं दासों के भेद के साथ-साथ धनी एवं निर्धन का भेद भी जुड़ गया था। नए श्रम विभाजन के साथ समाज नए रूप में वर्गों में बँट गया था। जहाँ कहीं आदिम सामुदायिक कुटुम्ब अभी तक स्थापित थे, वहाँ वे विभिन्न परिवारों के अलग-अलग मुखियाओं के पास न्यूनाधिक धन होने के कारण टूट गए और इससे पूरे समुदाय द्वारा मिलकर कृषि कार्य करने की प्रथा भी टूट गई। कृषि की भूमि पृथक-पृथक परिवारों में उपयोगार्थ वितरित कर दी गई, पहले वह एक निश्चित अवधि हेतु वितरित की जाती थी, उपरान्त उसका संघ के लिए वितरण कर दिया गया। पूर्णतः निजी स्वामित्व में संक्रमण शनैः-शनैः और युग्म विवाह के एकनिष्ठ विवाह में संक्रमण के साथ-साथ हुआ। परिवार समाज की आर्थिक इकाई बनने लगा।

जनसंख्या के पूर्व से अधिक घने हो जाने के कारण यह आवश्यक हो गया कि वह आन्तरिक तथा बाह्य रूप से अधिक एकताबद्ध हो। प्रत्येक स्थान पर एक-दूसरे से सम्बन्ध से जुड़े कबीलों को मिलाकर महासंघ बनाना और उसके कुछ समयोपरान्त उनका विलयन भी आवश्यक हो गया और तब पृथक-पृथक कबीलों के क्षेत्र मिलकर एक जाति का क्षेत्र बन गए। सेनानायक स्थायी अधिकारी बन

गया, जिसके बिना कार्य नहीं चल सकता था। जहाँ कहीं अभी तक जनसभा नहीं थी, वहाँ वह स्थापित कर दी गई। गोत्र-समाज ने जिस सैनिक लोकतंत्र के रूप में विकास किया था, उसके मुख्य अंग थेः सेनानायक, परिषद और जनसभा। सैनिक लोकतंत्र इसलिए कि युद्ध करना और इस हेतु संगठन जनजीवन का एक नियमित अंग बन गया था। अपनी पड़ोसी जाति की धन-सम्पदा को देखकर जनता लालच करने लगती थी और धन-दौलत प्राप्त करना इसके लिए जीवन का एक प्रमुख उद्देश्य बन गया था। ये बर्बर लोग थे, जिन्हें उत्पादन श्रम से लूटमार करना अधिक सरल, यहाँ तक कि अधिक सम्मानप्रद प्रतीत होता था। एक समय था, जब केवल आक्रमण का प्रतिकार करने हेतु अथवा अपने अपर्याप्त क्षेत्र में वृद्धि करने के उद्देश्य से युद्ध किया जाता था, परन्तु अब लूटमार के लिए युद्ध होने लगा और युद्ध करना एक नियमित व्यवसाय बन गया। नए प्रासादों वाले नगरों के चहुँओर ऊँची-ऊँची दीवारें अकारण ही नहीं बनाई गई थीं, उनकी गहरी खाइयाँ गोत्र-व्यवस्था की कब्र बन गई थीं और उनकी मीनारें अभी से सभ्यता के युग को छूने लगी थी। आन्तरिक विषयों में भी इसी भाँति परिवर्तन हो गया। लूटमार के युद्धों ने सर्वोच्च सेनानायक की और (साथ ही) उप-सेनानायकों की शक्ति में वृद्धि कर दी। पहले सामान्यतः एक ही परिवार से उनके उत्तराधिकारी चुने जाने की प्रथा थी; अब, विशेषकर पितृसत्ता स्थापित हो जाने के उपरान्त, वह शनैः-शनैः वंशानुगत उत्तराधिकार के नियम में परिवर्तित हो गई। प्रारम्भ में लोग इसे छूट देते थे, बाद में इसका दावा किया जाने लगा और अन्त में यह बलपूर्वक स्थापित की जाने लगी। इस प्रकार वंशानुगत राजशाही

और वंशानुगत अभिजात्य वर्ग की नींव पड़ी। इस प्रकार धीरे-धीरे गोत्र-व्यवस्था की संस्थाओं की जड़ें जनता के मध्य से, गोत्रों, बिरादरियों और कबीलों में से उखाड़ दी गईं और सम्पूर्ण गोत्र-व्यवस्था अपने से एक पूर्णतः विपरीत वस्तु में परिवर्तित हो गईं। अपने विषयों की स्वतंत्र रूप में स्वतः व्यवस्था करने वाले कबीलों के संगठन से अब वह एक ऐसा संगठन बन गई, जो पड़ोसियों को लूटने और सताने के लिए था, और तदानुरूप ही उसके निकाय जनता की इच्छा को कार्यान्वित करने का साधन नहीं रह गए, अपितु स्वयं अपनी जनता पर शासन करने एवं अत्याचारकर्ता स्वतंत्र निकाय बन गए। परन्तु यदि धन का लालच गोत्र के सदस्यों को धनी व निर्धनों में न बाँट देता, यदि "गोत्र के भीतर सम्पत्ति के भेद हितों की एकता को गोत्र के सदस्यों के परस्पर विरोध में न बदल देते (मार्क्स), और यदि दास-प्रथा की वृद्धि के फलस्वरूप जीविका उपार्जन करने हेतु परिश्रम करना दासत्व और लूटमार से भी अधिक अपमानजनक कार्य न समझा जाने लगता, तो यह कभी नहीं होता।"

II

अब हम सभ्यता के द्वार पर पहुँच जाते हैं। श्रम-विभाजन में एक अन्य नवीन पग के साथ इस युग का प्रारम्भ होता है। बर्बर युग की निम्नावस्था में मानव केवल सीधे-सीधे अपनी आवश्यकताओं के लिए उत्पादन करता था, विनिमय केवल कहीं-कहीं पर होता था, जहाँ कि अचानक अतिरिक्त पैदावार हो जाती थी। बर्बर युग की मध्यम अवस्था में हम पाते हैं कि पशुपालक कबीलों के पास पशुधन के रूप में ऐसी सम्पत्ति हो जाती है, जो पर्याप्त बड़ा रेवड़

होने पर नियमित रूप से उनकी आवश्यकताओं से अधिक पैदावार उन्हें देती है। साथ ही हम यह भी पाते हैं कि पशुपालक कबीलों तथा उन पिछड़े हुए कबीलों **के** मध्य, **जिनके** पास पशुओं **के** रेवड़ नहीं थे, श्रम का विभाजन हो जाता है। इस प्रकार उत्पादन की दो भिन्न अवस्थाएँ साथ-साथ चलती हैं, जिससे नियमित रूप से विनिमय **होने के लिए** परिस्थितियाँ तैयार हो जाती हैं। बर्बर युग की उन्नत अवस्था आने पर श्रम का एक और विभाजन हो गया-कृषि दस्तकारी के मध्य विभाजन के रुप में, जिससे अधिकाधिक बढ़ते हुए परिमाण में, विशेष रूप से विनिमय करने के लिए, वस्तुओं का उत्पादन होने लगा। इस प्रकार पृथक-पृथक उत्पादकों के मध्य विनिमय उस अवस्था में पहुँच गया, जहाँ वह समाज के लिए नितान्त आवश्यक बन गया। सभ्यता के युग ने पूर्व में ही स्थापित श्रम-विभाजन को और सुदृढ़ किया तथा (उसे) आगे बढ़ाया, विशेष रूप से नगर व ग्राम के अन्तर को और भी गहरा करके (या तो प्राचीनकाल की भाँति नगर का ग्राम पर आर्थिक आधिपत्य रहता था, अथवा मध्य युग की भाँति नगर पर ग्राम का आर्थिक प्रभुत्व स्थापित हो जाता था); उसने एक तृतीय श्रम-विभाजन भी जोड़ दिया, जो सभ्यता के युग की अपनी विशेषता है और निर्णायक महत्त्व रखती है; उसने एक ऐसा वर्ग उत्पन्न किया, जो उत्पादन में भाग नहीं लेता था और (जो) **केवल पैदावार के** विनिमय का कार्य करता था। यह व्यापारियों का वर्ग था। इसके पूर्व के वर्गों के समस्त प्रारम्भिक रूपों का केवल उत्पादन से सम्बन्ध था। उत्पादन से सम्बद्धजन को उत्पादन

का प्रबन्ध करने वालों और कार्य करने वालों में, यह विस्तृत पैमाने पर उत्पादनकर्ताओं और छोटे स्तर पर उत्पादन करने वालों में, बाँट दिया गया था। लेकिन यहाँ प्रथम बार एक ऐसा वर्ग सामने आता है, जो उत्पादन कार्य में बिना कोई भाग लिए ही उसके सम्पूर्ण प्रबन्धन पर अधिकार कर लेता है और उत्पादकों को आर्थिक दृष्टि से अपने अधीन बना लेता है। प्रत्येक दो उत्पादकों के मध्य वह एक ऐसा मध्यस्थ बन जाता है, जिसके बिना उनका कार्य नहीं चलता और उपरान्त वह दोनों का शोषण करता है। इस बहाने से कि उत्पादकों को विनिमय की कठिनाई और जोखिम न उठाना पड़े, उनके उत्पादन के लिए दूर-दूर के बाजार खोज लिए जाएँ और इस प्रकार समाज का एक सर्वाधिक उपयोगी वर्ग बनने से वास्तव में परोपजीवियों का एक वर्ग, वास्तव में सामाजिक पराश्रयी वर्ग उत्पन्न होता है, जो वस्तुतः नगण्य सेवाओं के पुरस्कार स्वरूप देश और विदेश के उत्पादन की समस्त मलाई चट कर जाता है; देखते-ही-देखते अथाह धन-दौलत का संचय कर लेता है, उसके अनुरूप समाज में प्रभाव जमा लेता है और इसी कारण सभ्यता के युग में उसे नित एवं नया सम्मान प्राप्त होता है और उसका उत्पादन पर अधिकाधिक नियंत्रण होता जाता है। स्थिति यहाँ तक पहुँच जाती है कि (अन्त में) वह स्वयं अपनी एक उपज लेकर उपस्थित होता है, और वह है एक निश्चित अवधि के उपरान्त बारम्बार आने वाला अर्थ-संकट।

विकास की जिस अवस्था की चर्चा हम कर रहे हैं, उसमें नवोत्पन्न व्यापारी वर्ग को अभी इस बात का कोई आभास नहीं मिला था कि उसके भाग्य में कितनी बड़ी-बड़ी बातें लिखी हैं। लेकिन वह

उदित हुआ और उसने अपने को समाज के लिए अपरिहार्य बना लिया, इतना ही पर्याप्त था। इसके साथ-साथ धातु मुद्रा, धातु के बने सिक्के काम में आने लगे और एक ऐसा नया साधन तैयार हो गया, जिसके माध्यम से उत्पन्न न करने वाला उत्पन्न करने वालों तथा उनकी उपज पर शासन कर सकता था। वस्तुओं की उस वस्तु का पता चल गया, जो अपने भीतर अन्य सभी वस्तुओं को छिपाए रहती है, वह जादू की पुड़िया मिल गई, जिसे इच्छा होते ही अभीष्ट तथा इच्छित वस्तु में परिवर्तित किया जा सकता था। वह जिसके पास होती थी, उसी का बोलबाला होता था, और सर्वाधिक वह किसके पास होती थी? व्यापारी के पास। मुद्रा-पूँजी उसके हाथों में सुरक्षित थी। उसने भली-भाँति स्पष्ट कर दिया था कि मुद्रा के आगे समस्त वस्तुओं को, और इसलिए सभी वस्तुओं के उत्पादकों को भी नाक रगड़नी पड़ेगी। उसने व्यवहार में सिद्ध करके दिखा दिया कि इस साक्षात् मूर्तिमान धन के समक्ष धन के अन्य समस्त रूप केवल दिखावा मात्र हैं। मुद्रा की शक्ति पुनः कभी उस आदिम भोंडे तथा हिंसक रूप में प्रकट नहीं हुई, जिस रूप में वह अपने शैशव में प्रकट हुई थी। मुद्रा के बदले में वस्तुओं के क्रयोपरान्त मुद्रा उधार देना और उस पर ब्याज लेना अर्थात सूदखोरी प्रारम्भ हुई और प्राचीन एथेंस तथा रोम कानूनों ने कर्जदार को जिस निर्ममता से और दयनीय दशा में सूदखोर महाजनों के चरणों में डाल दिया था, बाद में किसी भी काल के कानूनों ने वैसा ही नहीं किया। और एथेंस और रोम, इन दोनों स्थानों के कानून स्वयं उत्पन्न हो गए थे, वे सामान्य कानून थे और उनके पीछे आर्थिक कारणों के अतिरिक्त और किसी तरह का बल नहीं था।

वस्तुओं और दासों के रूप में सभ्यता के अतिरिक्त, मुद्रा के रूप में सम्पदा के अतिरिक्त भूमि के रूप में भी सम्पदा का आविर्भाव हुआ। पृथक-पृथक व्यक्तियों को भूमि के जो भाग प्रारम्भ में अपने गोत्रों अथवा कबीलों से प्राप्त हुए थे, अब उन पर उनका अधिकार इतना सुदृढ़ हो गया कि वे भाग उनकी वंशगत सम्पत्ति बन गए। इधर वे इस बात का सर्वाधिक प्रयास कर रहे थे कि भूमि के उनके भागों पर गोत्र-समुदाय का जो दावा था, किसी भी भाँति उससे छुटकारा मिल जाए, क्योंकि वह उनके लिए एक बन्धन बन गया था। वे इस बंधन से मुक्त हो गए, परन्तु कुछ समयोपरान्त उन्हें अपनी नई भू-सम्पत्ति से भी मुक्ति प्राप्त हो गई। भूमि पर व्यक्तियों का पूर्ण व स्वतंत्र स्वामित्व होने का अर्थ उस पर अबाधित और असीमित अधिकार की सम्भावना ही नहीं, अपितु उसके अन्य संक्रमण की सम्भावना भी थी। जब तक भूमि गोत्र की सम्पत्ति थी, ऐसी कोई सम्भावना नहीं हो सकती थी। परन्तु जब भूमि के नए स्वामी ने गोत्र व कबीले के सर्वोच्च अधिकार के बन्धनों को तोड़कर फेंक दिया, तो उसके साथ-साथ उसने उस नाते को भी तोड़ डाला, जो अभी तक उसे भूमि से अटूट रूप से बाँधे हुए था। इसका अर्थ क्या था? यह उसके समक्ष मुद्रा ने स्पष्ट कर दिया था, जिसका आविष्कार भूमि पर निजी स्वामित्व स्थापित होने के साथ-साथ हुआ था। अब भूमि का माल बन जाना सम्भव हो गया, अब उसका विक्रय किया जा सकता था और (साथ ही) उसे गिरवी (भी) रखा जा सकता था। भूमि पर निजी स्वामित्व का स्थापित होना था कि गिरवी रखने की प्रथा का भी आविष्कार हो गया....। जिस प्रकार एकनिष्ठ विवाह के साथ

हेटेरिज्म और वेश्यावृत्ति जुड़ी रही, उसी प्रकार अब भूमि पर निजी स्वामित्व के साथ गिरवी रखने की प्रथा जुड़ गई। आप लोग भूमि का पूर्ण, स्वतंत्र तथा अन्य संक्रामणीय स्वामित्व चाहते थे-एवमस्तु! जो चाहा था, वही मिला।

व्यापार का विस्तार, मुद्रा का चलन, सूदखोरी, भूस्वामित्व एवं गिरवी की प्रथा, इन सब चीजों के साथ यदि एक ओर एक छोटे से वर्ग के हाथ में बड़ी तीव्रता से धन एकत्रित तथा केन्द्रित होने लगा, तो दूसरी ओर आमजन में दीनता बढ़ने लगी तथा तबाह व दिवालिया लोगों की संख्या भी तीव्रता के साथ बढ़ी। धनिकों के इस नए अभिजात्य वर्ग ने, जिस सीमा तक वह कबीलों के पुराने कुलीनों से भिन्न था, पुराने कुलीनों को स्थायी रूप से पृष्ठभूमि में धकेल दिया। एथेंस, रोम तथा जर्मनी में ऐसा ही हुआ। धन के बल पर स्वतंत्र मनुष्यों के भिन्न-भिन्न वर्गों में इस भाँति विभाजित हो जाने के साथ ही यूनान में विशेष रूप से, दासों की संख्या में भारी वृद्धि हो गई, जिनकी बेगार पर सम्पूर्ण समाज का ऊपरी ढाँचा खड़ा किया गया था।

आइएगा! अब हम यह देखें कि इस सामाजिक क्रान्ति के परिणाम स्वरूप गोत्र-व्यवस्था का क्या हुआ? वह उन नए तत्त्वों के समक्ष पूर्णतः निस्सहाय थी, जो बिना उनकी सहायता के ही विकसित हो गए थे। उनका अस्तित्व इस बात पर निर्भर करता था कि गोत्र के, अथवा कबीले के समस्त सदस्य एक क्षेत्र में साथ-साथ रहें और अन्यजन उस क्षेत्र में न रहें। परन्तु ऐसी परिस्थिति तो पूर्व में ही समाप्त हो गई थी। प्रत्येक स्थान पर गोत्र तथा कबीले घुल-मिल गए थे, हर स्थान पर स्वतंत्र नागरिकों के मध्य दास, आश्रितजन एवं

विदेशी भी रह रहे थे। यायावर के स्थान पर स्थावर जीवनावस्था बर्बर युग के मध्यचरण के अन्त में ही प्राप्त की गई थी। अब लोगों की गतिशीलता और निवासस्थान परिवर्तन से उसमें बारम्बार व्याघात पड़ने लगा। यह चलनशीलता व्यापार के दबाव, व्यावसायिक कार्यों के परिवर्तित होते रहने एवं भूमि के अन्य संक्रामण के कारण आवश्यक हो गई थी। अब गोत्र-समाज की संस्थाओं के सदस्यों के लिए सम्भव नहीं था कि वे अपने सामूहिक विषयों को निपटाने के लिए एक स्थान पर एकत्रित हो सकें। अब केवल गौण महत्त्व के कार्य जैसे कि धार्मिक अनुष्ठान आदि ही मिलकर किए जाते थे और वह भी आधे मन से। गोत्र-समाज की संस्थाएँ जिन आवश्यकताओं एवं हितों की पूर्ति हेतु स्थापित की गई थीं और जिनकी पूर्ति करने में वे योग्य भी थीं, उनके अतिरिक्त जीविकोपार्जन की अवस्थाओं में क्रान्ति तथा उसके फलस्वरूप समाज के ढाँचे में परिवर्तन से अब कुछ नई आवश्यकताएँ और नवीन हित भी उत्पन्न हो गए थे, जो पूर्व की गोत्र-व्यवस्था के लिए न केवल एक पराए तत्त्व थे, अपितु उनके मार्ग में हर प्रकार की बाधा भी डालते थे। श्रम-विभाजन से दस्तकारों के जो नए समूह उत्पन्न हो गए थे, उनके हितों और ग्राम की अपेक्षा नगर के विशिष्ट हितों की पूर्ति हेतु नव-निकायों की आवश्यकता थी। परन्तु इनमें से प्रत्येक समूह में विभिन्न गोत्रों, बिरादरियों और कबीलों के लोग सम्मिलित थे। इसलिए नव-निकायों का निर्माण आवश्यक रूप से गोत्र-संघटन के बाहर, उसके समानान्तर और साथ ही उसके विरोध में हुआ। गोत्र-समाज की प्रत्येक संस्था के भीतर हितों को लेकर टकराव होने लगा, जो धनी-निर्धन, सूदखोर-कर्जदार के एक ही गोत्र

एवं कबीले के भीतर साथ-साथ रहने से अपनी चरम सीमा पर पहुँच गया। तदोपरान्त नए निवासियों का विशाल जन-समूह था, जो गोत्र-समुदायों के लिए सर्वथा पराया था, और जो, जैसा कि रोम में हुआ, देश में एक प्रभुताशाली शक्ति बन सकता था। इन लोगों की भारी संख्या होने के कारण यह सम्भव नहीं था कि रक्त-सम्बद्ध गोत्र और कबीले उनको शनैः-शनैः अपने भीतर समाहित कर लें। इन विशाल जन-समूह की दृष्टि में गोत्र-समुदाय विशेषाधिकार प्राप्त विशिष्ट संगठन थे, जो बाहर के लोगों को अपने भीतर घुसने नहीं देते थे। जो आरम्भ में प्राकृतिक विकास से उत्पन्न लोकतंत्र था, वही अब एक घृणित अभिजात्य तंत्र बन गया था। अन्तिम बात यह कि गोत्र-व्यवस्था एक ऐसे समाज के गर्भ से उत्पन्न हुई थी, जिसमें किसी तरह के भीतरी विरोध नहीं थे और वह केवल ऐसे समाज के ही योग्य थी। जनमत के अतिरिक्त उनके पास दबाव डालने का कोई अन्य साधन नहीं था। परन्तु अब एक नया समाज उत्पन्न हो गया था, जिसे स्वयं अपने अस्तित्व की समस्त आर्थिक परिस्थितियों ने अनिवार्य रूप से स्वतंत्र नागरिकों और दासों में, शोषक-धनिकों और शोषित-निर्धनों में विभाजित कर दिया था और जो न केवल इन विरोधों में सामंजस्य लाने में असमर्थ था, अपितु जो अनिवार्यतः उन्हें अधिकाधिक पराकाष्ठा पर पहुँचा रहा था। ऐसा समाज या तो इस दशा में जीवित रह सकता था कि ये वर्ग निरन्तर एक-दूसरे के विरुद्ध खुला संघर्ष चलाते रहें अथवा इस दशा में कि एक तृतीय शक्ति का शासन हो, जो देखने में, आपसं में संघर्षरत वर्गों के ऊपर प्रतीत हो, उनके खुले संघर्ष को न चलने दे और जो अधिकाधिक उन्हें केवल आर्थिक क्षेत्र

में, और वह भी तथाकथित कानूनी ढंग से वर्ग-संघर्ष चलाने की छूट दे। गोत्र-व्यवस्था की उपयोगिता समाप्त हो चुकी थी। श्रम-विभाजन तथा उसके परिणामस्वरूप समाज के वर्गों में बँट जाने से वह ध्वस्त हो गई। उसका स्थान (अब) राज्य ने ले लिया।

2
व्यावसायिक गतिविधियों का विवरण

(क) मगध-मौर्यकाल

मगध-मौर्यकालीन भारत में पर्याप्त मार्गों का निर्माण हो चुका था।[2] इस काल में व्यापारियों का सम्पन्न, संगठित तथा शक्तिशाली वर्ग था, जो कार्य में अति दक्ष था। प्रत्येक व्यापारी एक वस्तु विशेष का व्यापार करता था और उसकी व्यावसायिक गतिविधियाँ उसके अपने राज्य की सीमाओं तक ही सीमित नहीं थी। देश के विभिन्न भागों में वस्तुओं को भेजा जाता था। इसी के साथ-साथ, भारत के बाहर स्थल मार्ग, नदियों द्वारा और समुद्र के रास्ते से वस्तुओं का आदान-प्रदान होता था, न केवल भारत के ही एक से दूसरे भाग को, अपितु अन्य देशों को भी। व्यापार के सम्बन्ध में उस काल की महत्त्वपूर्ण बात यह थी कि व्यापारीजन छः-छः महीने तक समुद्री

यात्राएँ करते थे। मुख्यतः श्रीलंका, बर्मा, अरब तथा यूनान की ओर जलयान जाते थे। भारत के प्रसिद्ध मसालों, रत्नों तथा हाथी के दाँत से बने आभूषणों व दूसरी वस्तुओं का निर्यात होता था।

(ख) कुषाण-गुप्तकाल

कुषाण-गुप्तकाल, जो भारत में विभिन्न क्षेत्रों में महान उपलब्धियों के रूप में जाना जाता है; विशेष करके गुप्तकाल, जो इतिहास का स्वर्ण युग रहा, व्यापारिक गतिविधियों और विकास के लिए भी सदैव स्मरणीय रहेगा। इस काल में व्यापारिक गतिविधियों के अभूतपूर्व उत्थान के कुछ विशेष कारण थे, जो निम्नलिखित हैं :

(क) मार्गों में सुधार के कारण, परिवहन-व्यवस्था श्रेष्ठ बन गई थी;

(ख) देश के विभिन्न भागों, उन क्षेत्रों जो कुषाण या गुप्त शासन की सीमाओं से बाहर भी थे, में घनिष्ठ सम्पर्क स्थापित हो गए थे;

(ग) आर्थिक विशिष्टीकरण के फलस्वरूप वस्तुओं के स्थायी विनिमय की स्थिति अनिवार्य हो गई थी;

(घ) इसी काल में तीव्रतापूर्वक मुद्रा का संचालन हुआ, जिसने इस कार्य को अधिक गति प्रदान की; तथा

(च) संचार-व्यवस्था की सुदृढ़ता ने आयात-निर्यात को सुगम बनाने में सहायता की।

पूर्व की भाँति नदियों के माध्यम से भी व्यावसायिक गतिविधियाँ संचालित रहीं। न केवल सिन्धु या गंगा नदी ही, अपितु अन्य नदियाँ भी इस कार्य हेतु प्रयुक्त हुईं। इन्हीं के माध्यम से वस्तुएँ समुद्र तटों तक पहुँचाई जाती थीं, जिन्हें आगे समुद्री मार्ग से अन्य देशों को भेजा जाता था। विदेशों में निर्यात पूर्व से कहीं अधिक हुआ, जिसका वर्णन तनिक बाद में हम करेंगे।

कुषाण-गुप्तकाल में व्यापारिक उन्नति का एक कारण राज्य की ओर से इस सन्दर्भ में उठाए गए कुछ विशेष कदम भी थे। इन कदमों में एक तो यह था कि वस्तुओं के आने-जाने और उनके विक्रय पर शासकीय निगरानी थी। दूसरे, अनेक वस्तुओं के व्यापार पर राज्य का एकाधिकार था, कोई व्यापारी राज्य के एकाधिकार वाली वस्तु का निर्यात नहीं कर सकता था। इस कार्यवाही का परिणाम यह था कि व्यापारी लोग मनमानी नहीं कर सकते थे।

इस काल में जो वैदेशिक व्यापार में तीव्र विकास हुआ, उसके पीछे भी कुछ विशेष कारण थे, राज्य की नीतियाँ प्रमुख रूप से इस विकास के लिए उत्तरदायी थीं। आइए! देखें ये विशेष कारण और शासकीय नीतियाँ कौन-सी थीं?

(क) दोनों कुषाण और गुप्त राजाओं ने विदेशों के साथ घनिष्ठ सम्बन्धों को बनाए रखने पर निरन्तर बल दिया। परिणामस्वरूप आयात-निर्यात गतिविधियाँ सरल बन सकीं;

(ख) भारतीय यानचालक बहुत कुशल व दक्ष थे। मौसम के हाल को वे पूर्व में ही परख सकने में सक्षम थे। इसलिए यात्रा के समय को वे इस रूप में निर्धारित कर सकते थे कि जिससे किसी आपदा से बचा जा सके तथा सुरक्षित अपने निर्धारित स्थान पर पहुँचा जा सके;

(ग) चालक लम्बी-लम्बी यात्राओं के आदि हो चुके थे और उनके अन्य देशों के चालकों से निकट-सम्बन्ध बन गए थे; तथा

(घ) नौकाओं एवं जलयानों की श्रेणी में सुधार हुआ था, वे पूर्व निर्मित पोतों की अपेक्षा बहुत उन्नत थे।

विदेशों के साथ व्यापार के लिए पूर्व और पश्चिम, दो मुख्य तट

थे। वाराणसी, कोशाम्बी, पाटलीपुत्र, उज्जैन आदि प्रसिद्ध व्यावसायिक केन्द्र थे। यहाँ की वस्तुएँ विश्व भर में प्रसिद्ध थी। वर्तमान भरूच (गुजरात), पुष्कलावती और तामलुक, साथ ही मालाबार, पाण्डिचेरी के निकट अरिकाभेदु आदि से जलयानों की यात्राएँ प्रारम्भ होती थीं।

जहाँ तक सम्बन्ध भारतीय वस्तुओं के आयातकर्ता देशों का है, उनमें प्रमुख रहे हैं- मिस्र, श्रीलंका, चीन, वर्तमान इण्डोनेशिया, यूनान आदि। विशेष रूप से यूनान को हाथी दाँत से बनी वस्तुएँ, रेशम, विभिन्न प्रकार के रत्न और रत्नजड़ित आभूषण, शंख, कस्तूरी, लोहे तथा इस्पात से बनी चीजें आदि भेजी जाती थीं। यही नहीं, काली मिर्च, अनेक प्रकार की दुर्लभ लकड़ियाँ, इत्र, वस्त्र और विशिष्ट प्रकार के पशु तथा पक्षी, जो कि पूरे पश्चिमी जगत में बहुत लोकप्रिय थे, का भी भारत से निर्यात होता था।

उपरोक्त वस्तुएँ ही न्यूनाधिक मात्रा में दूसरे देशों को भी भेजी जाती थीं। जबकि भारत विशेष रूप से सुराओं, लोबान, कई धातुओं, तिल, तेल तथा मधु आदि का दूसरे देशों से आयात करता था।

इस प्रकार कुषाण-गुप्तकाल में व्यापार अपनी प्रगति के शिखर पर था। यह श्रेय भी मुख्यतः व्यावसायिक गतिविधियों को ही जाता है कि भारत और यूनान के मध्य राजनयिक-कूटनीतिक सम्बन्ध स्थापित हुए। विशेष करके इस काल के दो यूनानी शासकों आगस्तस तथा त्राजन के दरबारों में भारतीय दूत गए और यूनानी राजाओं ने समय-समय पर भारतीय शासकों को उपहार भेजे।

(ग) पल्लवकाल

भले ही भारत के इतिहास में पल्लवों का काल बहुत लम्बा न

रहा हो, भले ही पल्लव[3] मगध व मौर्यकाल के शासकों या इनके उपरान्त कुषाणों एवं गुप्तों जितने शक्तिशाली न माने जाते हों, अथवा भले ही पल्लवों के राज्य की सीमाएँ मौर्यों, कुषाणों व गुप्तों की अपेक्षा बहुत सूक्ष्म रही हों, लेकिन आन्तरिक और बाह्य व्यापार को उनके काल में भी खूब चार चाँद लगे। विशेष रूप से समुद्र पार व्यापार करने में वे बहुत अग्रणीय रहे। इण्डोनेशिया और कम्बोडिया जैसे देशों के साथ इस काल में इतने घनिष्ठ और निकटवर्ती व्यावसायिक सम्बन्ध थे कि दक्षिण भारत के व्यापारियों ने इन दोनों देशों में अपनी बस्तियाँ तक स्थापित कर ली थीं।

3

उन दिनों स्पार्टा का अपना एक विशेष संविधान था। दो राजाओं और उनके साथ एक उच्च परिषद की व्यवस्था थी। विशेष बात यह थी कि परिषद का कोई भी सदस्य साठ वर्ष की आयु से कम नहीं हो सकता था। परिषद के प्रमुख कार्यों में राजकीय विषय और न्यायिक-निकाय से सम्बन्धित विषय थे। एक नागरिक सभा का प्रावधान भी था, जिसे कभी-कभी, अर्थात विशेषावसरों पर उच्च पदाधिकारियों के चयन हेतु या युद्ध और शान्ति से सम्बन्धित प्रश्नों पर विचार करने हेतु समाहूत किया जाता था। स्पार्टा में ही एक और रोचक संस्था भी अस्तित्व में थी, जो निर्वाचित पाँच सदस्यों का एक अधिशासी मण्डल था। यही सत्ता का सर्वोच्च निकाय भी था और इसके प्रति राजा भी उत्तरदायी थे।

सैनिक शिक्षा स्पार्टा में महत्त्वपूर्ण थी। लगभग सात वर्ष की आयु में बालकों को शिक्षालयों में भेज दिया था, ताकि वे प्रारम्भ से ही

साहस, उपक्रम तथा तितिक्षा के संस्कारों से ओत-प्रोत हो जाएँ। व्यायाम का विशेष प्रशिक्षण दिया जाता था, ताकि वे अच्छे सैनिक बन सकें। बीस वर्ष की आयु से स्पार्टा के प्रत्येक नागरिक के लिए सैनिक के रूप में सेवा अपरिहार्य थी; वह आवश्यक थी।

एक सैनिक के रूप में स्पार्टावासी से नियमित व्यायाम, सामूहिक भोजन और सभ्य, संक्षिप्त और सारगर्भित बातचीत की अपेक्षा की जाती थी। यही कारण था कि स्पार्टों के पास ऐसी विलक्षण सेना हो गई, जो लम्बे काल तक अजेय मानी जाती थी।

सन्दर्भ :

1. विशेष रूप से अमेरिका के उत्तर-पश्चिमी तट पर निवासकर्ता। क्वीन शर्लोट द्वीपों के निवासी हैडाजन में तो सात-सात सौ व्यक्ति एक साथ रहते थे। नूटकाजन में पूरे का पूरा कबीला एक ही घर में रहता था।
2. मेगस्थनीज ने अपने ग्रंथ में उक्त काल की यातायात व्यवस्था का वर्णन करते हुए विभिन्न राज्यों के मध्य संचार व्यवस्था, एक से दूसरी राजधानी को जोड़ती हुई सड़कों और विशेष रूप से निर्मित वाणिज्यिक मार्गों का उल्लेख किया है। उन्होंने उत्तर-पश्चिमी प्रान्त (अब पाकिस्तान में) से लेकर पाटलीपुत्र (वर्तमान पटना) तक तथा पाटलीपुत्र से पूर्व की ओर जाने वाले राजमार्ग की चर्चा की है।
3. सातवीं शताब्दी (ए.डी.) के पूर्वार्ध (640 ईस्वीं) में चालुक्यों, जिनके शासक पुलकेशी-द्वितीय ने हर्ष को पराजित करके सत्ता स्थापित की थी, को विजित करके पल्लव सत्ताधीश बने। यही पल्लव महाबलिपुरम में समुद्र तट के निकट चट्टानों को काटकर पाँच रथों वाले मंदिर का निर्माण करने वाले थे। इनके काल में जिस विशिष्ट वास्तु-शैली का उदय हुआ, उसने न केवल दक्षिणी भारत, अपितु सुदूर विदेशों तक गहरा प्रभाव डाला, विशेष रूप से दक्षिण-पूर्व एशिया के देश इस शैली से बहुत ही प्रभावित हुए।

●●●

१

व्यक्तित्व परिचय

व्यक्तित्व	परिचय
अरस्तु	– महान यूनानी दार्शनिक (384-322 ईसा पूर्व), जो कि प्लेटो के शिष्य और सम्राट अलेक्षान्द्र के गुरु थे। अरस्तु को ज्ञान की अनेक शाखाओं का जनक स्वीकार किया जाता है।
इख़नातोन	– मिस्र के नूतन राज्य का एक शासक, जो अमेनहोतेप-चतुर्थ के नाम से भी विख्यात है। अपने कार्यकाल (1424-1388 ई०पू०) में मिस्र की बिगड़ी हुई परिस्थितियों में इख़नातोन ने अनेक धार्मिक सुधार किए और कई दूसरे क्षेत्रों में, राज्य की सुदृढ़ता के दृष्टिकोण से, कदम उठाए।
अंगुलिमाल	– गौतम बुद्ध के समय का एक कुख्यात दस्यु, जो बुद्ध के प्रभाव से अपने असामाजिक और अमानवीय कृत्यों को त्यागकर उनकी शरण में आ गया था।
कन्फ्यूशियस	– कुंग-त्जे और कुंग-फूत्सी (551-479 ईसा पूर्व) जैसे नामों से भी जाने जाने वाले सुविख्यात चीनी दार्शनिक, जिन्होंने 'जेन'

व्यक्तित्व	परिचय
	अर्थात नैतिकता को अपने विचारों का आधार बनाया और प्रतिपादित किया कि इसकी अनुपस्थिति में मानव सभ्य नहीं हो सकता।
कार्ल मार्क्स	– वैज्ञानिक समाजवाद के जनक और जर्मन दार्शनिक (1818-1883), जिन्होंने फ्रांस में गृहयुद्ध के समय उसमें भागीदारी की। 'पूँजी', 'साम्यवादी दल का घोषणा-पत्र' आदि सहित कई विख्यात ग्रन्थों के रचनाकार।
गौतम बुद्ध	– लुम्बिनी (अब नेपाल में) में उत्पन्न राजकुमार सिद्धार्थ, जो एशिया के महाप्रकाश के रूप में जाने जाते हैं, ने भारत, दक्षिण एवं दक्षिण-पूर्व एशिया, साथ ही विश्व के अनेक अन्य राष्ट्रों के आमजन को अपने संदेश, जो मध्य मार्ग से होकर जाता है और जिसके मूल में करुणा है, से प्रभावित किया। गौतम बुद्ध ही बौद्ध धर्म-सम्प्रदाय के संस्थापक भी हैं।
जान लाक	– अन्य अंग्रेज भौतिकवादी दार्शनिक (1632-1704), जो ज्ञान को इन्द्रियों के अनुभव

व्यक्तित्व		परिचय
		से निसृत समझने वाले सिद्धान्त इन्द्रिय सुखवाद के प्रतिपादक थे।
जी०एफ० निकोलाई	–	आधुनिक जर्मन विद्वान और समाजशास्त्री।
जे०जे० रूसो	–	सुविख्यात फ्रांसीसी विचारक (1712-1778), जिन्होंने 'सामाजिक समझौते' की रचना की और जनतंत्रात्मक शासन का समर्थन किया।
थामस हाब्स	–	अंग्रेज भौतिकवादी चिन्तक तथा लेवियाथन के रचयिता (1588-1679), जिन्होंने मनुष्य की प्रारम्भिक अथवा प्राकृतिक अवस्था का विश्लेषण किया और राजतंत्र का पूर्ण समर्थन किया।
फराऊन मेनेस	–	लगभग 3200 ईसा पूर्व में मिस्र की समस्त भूमि का एकत्रीकरणकर्ता; वहाँ राजसत्ता का संस्थापक।
फ्रेडरिक एंगेल्स	–	कार्ल मार्क्स के सहयोगी और मित्र (1820-1895); 'साम्यवादी दल का घोषणा-पत्र' नामक रचना के मार्क्स के साथ संयुक्त लेखक। साम्यवादी गतिविधियों को मार्क्स के निधनोपरान्त आगे बढ़ाते रहे।

व्यक्तित्व	परिचय
महावीर	– जैन धर्म-सम्प्रदाय के 24वें और अन्तिम तीर्थंकर, जिनका जन्म विदेह राज्य (अब बिहार में) के क्षत्रिय परिवार में 599 ईसा पूर्व में हुआ। अहिंसा के सिद्धान्त और व्यवहार में अद्वितीय और महान महावीर ने अपने ज्ञान से समस्त भारत को उपकृत किया।
मार्टिन निमूलर	– आधुनिक जर्मन विद्वान (1892-1984), जो प्रोटेस्टेंट विचारधारा के समर्थक होने के साथ ही शान्ति स्थापना के पक्षधर भी थे।
मोहनदास करमचन्द गाँधी	– भारत की स्वाधीनता आन्दोलन के महान नेता (1869-1948) और देश के राष्ट्रपिता, ब्रिटिश उपनिवेशवाद के विरुद्ध निरन्तर पच्चीस वर्षों (1917-1942) तक विभिन्न सत्याग्रहों के माध्यम से भारतीयजन को जागृत करते रहे। अपने समय के बेजोड़ नेतृत्वकारी और अहिंसा के पुजारी।
सरदूर-प्रथम	– लगभग 9वीं शताब्दी ईसा पूर्व में उरार्तु और नायरी क्षेत्रों को एकीकृत करने वाला शासक।

व्यक्तित्व	परिचय
सर्वपल्ली राधाकृष्णन	– प्रसिद्ध भारतीय चिन्तक और गणतंत्र भारत के दूसरे राष्ट्रपति (1962-1967), 'हिन्दू व्यू ऑफ लाइफ' सहित अनेक कृतियों के रचयिता।
सुकरात	– प्रसिद्ध यूनानी चिन्तक (469-399 ईसा पूर्व), जो प्रत्ययवादी दार्शनिक और प्लेटो के गुरु भी थे। एथेनी जनतंत्र के विरुद्ध आवाज़ उठाने के अपराध में सुकरात को मृत्युदण्ड दिया गया था।
सुलेमान	– लगभग 10वीं शताब्दी ईसा पूर्व में इस्राइल का शासक। सुलेमान के शासनकाल में इस्राइल के संयुक्त राज्य का अभूतपूर्व उत्थान हुआ; क्षेत्र में शान्ति की अवस्था रही तथा विदेशी व्यापार में प्रगति हुई। इन्हीं के शासनकाल में यरूशलम नगर में बड़े-बड़े निर्माण कार्य हुए, सुविख्यात सुलेमान मंदिर बना।
सोलोन	– छठीं शताब्दी ईसा पूर्व में एथेंस का शासक, जिसने अपने राज्य में अनेक साहसिक तथा क्रान्तिकारी सुधारों को लागू किया। विशेष रूप से ऋणों की माफी और दासों

व्यक्तित्व		परिचय
		की स्वाधीनता के लिए सोलोन का स्मरण किया जाता है।
हमुराबी	–	मैसोपोटामिया की सभ्यता के समय का एक प्रसिद्ध राजा (1792–1750 ईसा पूर्व), जो अपनी विधि संहिता के लिए विश्वभर में प्रसिद्ध हुआ। हमुराबी विख्यात एकीकरणकर्ता और प्रशासक भी था। 282 संविधियों की उसकी संहिता तत्कालीन बेबीलोन समाज की आर्थिक व राजनीतिक संरचना की आज तक भी सुन्दर झाँकी प्रस्तुत करती है।

●●●

10

कालक्रम

वर्ष	घटना
10 लाख वर्ष पूर्व (लगभग)	पृथ्वी पर मानव का उदय।
3500-3000 ईसा पूर्व	मिस्र की प्रथम सभ्यता।
3200-3000 ईसा पूर्व	मैसोपोटामिया में सभ्यता का विकास।
2500-2000 ईसा पूर्व	सिन्धु-घाटी की सभ्यता।
2000 ईसा पूर्व	चीन की ह्वांग-हो नदी की घाटी में सभ्यता।
2000 ईसा पूर्व	आर्यों का भारत में आगमन।
1800-1700 ईसा पूर्व	वर्णमाला का आविष्कार।
1765-1122 ईसा पूर्व	चीन में शान-यिन शासन।
1500 ईसा पूर्व (लगभग)	ऋग्वेद की रचना।
1500-1400 ईसा पूर्व	हित्ती राज्य का उदय।
1500-1300 ईसा पूर्व	यूनान में एकियाईकाल।
1122-771 ईसा पूर्व	चीन में चाऊ वंश का शासन।
1100-900 ईसा पूर्व	यूनान में होमरीकाल।
1000 ईसा पूर्व (लगभग)	उरार्तु राज्य की स्थापना।
1000-900 ईसा पूर्व	फिनीशिया के नगरों का विकास।
800 ईसा पूर्व (लगभग)	अशर और उरार्तु राज्यों का चरमोत्कर्ष-काल।
753 ईसा पूर्व	परम्परानुसार, रोम की स्थापना।
700 ईसा पूर्व	उपनिषदों की रचना का प्रारम्भ।

वर्ष	घटना
600 ईसा पूर्व	फारस का विकास।
599 ईसा पूर्व	तीर्थंकर महावीर का जन्म।
594 ईसा पूर्व	एथेंस में सोलोन के सुधार कार्यक्रम।
586 ईसा पूर्व	येरूशलम पर बाबुलियों का आक्रमण, उस पर अधिकार; यहूदी राज्य का पतन।
563 ईसा पूर्व	गौतम बुद्ध का जन्म।
551 ईसा पूर्व	कन्फ्यूशियस का जन्म।
538 ईसा पूर्व	बाबुल पर फारस का अधिकार।
525 ईसा पूर्व	फारस की मिस्र पर विजय।
525 ईसा पूर्व	फारस साम्राज्य की स्थापना।
509 ईसा पूर्व	रोमन साम्राज्य की स्थापना।
500-449 ईसा पूर्व	फारस और यूनान के मध्य युद्ध।
500-400 ईसा पूर्व	चीन में कन्फ्यूशियस तथा ताओ के दर्शन का प्रचार-प्रसार।
490 ईसा पूर्व	मैराथन के युद्ध में यूनानियों की फारस पर विजय।
450 ईसा पूर्व	एथेंस में लोकतंत्र का विकास।
431-404 ईसा पूर्व	एथेंस एवं स्पार्टा के मध्य युद्ध।
390 ईसा पूर्व	रोम का विध्वंस।
327 ईसा पूर्व	अलेक्षान्द्र का भारत पर आक्रमण।
324 ईसा पूर्व	भारत में मौर्य साम्राज्य की स्थापना।

वर्ष	घटना
268-232 ईसा पूर्व	भारत में अशोक का शासन।
264-241 ईसा पूर्व	प्रथम प्यूनिक युद्ध।
218-201 ईसा पूर्व	द्वितीय प्यूनिक युद्ध।
216 ईसा पूर्व	रोम की कैनी युद्ध में पराजय।
149-146 ईसा पूर्व	तृतीय प्यूनिक युद्ध; कार्थेज का विनाश।
146 ईसा पूर्व	रोम का यूनान पर अधिकार।
100 ईसा पूर्व (लगभग)	शकों का भारत पर आक्रमण।
100-88 ईसा पूर्व के मध्य	रोम में गृहयुद्ध।
100 ईसा पूर्व–300 ईस्वी के मध्य	भारत में सातवाहन साम्राज्य।
49-45 ईसा पूर्व के मध्य	रोम में गृहयुद्ध; जूलियस सीजर का रोम की सत्ता पर शासन।
44 ईसा पूर्व (15 मार्च)	जूलियस सीजर की हत्या।
31-30 ईसा पूर्व	मिस्र पर रोम की विजय।
27-14 ईसा पूर्व	आगस्तस का रोम पर शासन।
ईस्वी	
प्रथम शताब्दी से तृतीय शताब्दी के मध्य	भारत में कुषाण साम्राज्य।
प्रथम शताब्दी से चतुर्थ शताब्दी के मध्य	भारत के पश्चिमी भागों में क्षत्रप साम्राज्य।
प्रथम शताब्दी के अन्त	रोम के साम्राज्य का चरमोत्कर्ष।

वर्ष	घटना
एवं दूसरी शताब्दी के मध्य	
320 ईस्वी	भारत में गुप्त वंश के शासन का प्रारम्भ।
380-413 ईस्वी के मध्य	चन्द्रगुप्त विक्रमादित्य का भारत में शासन।
454 ईस्वी	हूणों का भारत पर आक्रमण।
476 ईस्वी	पश्चिमी रोम साम्राज्य का अन्त।
589 ईस्वी	चीन का एकीकरण।
606-647 ईस्वी पूर्व के मध्य	भारत में हर्षवर्धन का शासनकाल।
624-1070 ईस्वी	भारत के पूर्व में चालुक्य-राज्य।
637-651 ईस्वी	अरबों का ईरान पर आक्रमण और विजय।
645 ईस्वी	जापान में ताइक्वा सुधार।
711 ईस्वी	अरबों का सिन्ध पर आक्रमण।
757-973 ईस्वी के मध्य	भारत में राष्ट्रकूट-राज्य।
नवम शताब्दी ईस्वी	रूस में राज्य का आविर्भाव।
नवम शताब्दी ईस्वी का मध्य	भारत के चोल-राज्य।
973-1189 ईस्वी के मध्य	भारत में चालुक्य-राज्य।
1001-1026 के मध्य	भारत पर तुर्कों के आक्रमण, जिनमें काठियावाड़ के सोमनाथ मंदिर सहित अन्य अनेक धार्मिक स्थलों पर लूटपाट और उनका विध्वंस किया गया।

वर्ष	घटना
दसवी शताब्दी ईस्वी का उत्तरार्द्ध	पोलस्का-राज्य का उदय।
1070 ईस्वी	भारत में चोल वंश तथा पूर्वी चालुक्य वंश का सम्मिलन।
1096-1192 ईस्वी	तीन धर्म-युद्ध; चीन में हान-जुर्चेन-राज्य की स्थापना।
1206-1526 ईस्वी	भारत में दिल्ली सल्तनत।
1258 ईस्वी	इंग्लैण्ड में प्रथम संसद।
1492 ईस्वी	कोलम्बस द्वारा अमेरिका का अन्वेषण।
1498 ईस्वी	वास्को द गामा द्वारा भारत का अन्वेषण।
1517 ईस्वी	जर्मनी में धर्मसुधार आन्दोलन।
1526 ईस्वी	भारत में मुगल साम्राज्य की स्थापना।
1603 ईस्वी	जावा (इण्डोनेशिया) में डच उपनिवेश की स्थापना।
1674 ईस्वी	भारत में शिवाजी का राज्याभिषेक; मराठा राज्य की स्थापना।
1748-1758 ईस्वी के मध्य	भारत पर अहमदशाह अब्दाली के आक्रमण।
1769 ईस्वी	बर्मा पर चीन का अधिकार।
1776 (4 जुलाई)	संयुक्त राज्य अमेरिका की स्वाधीनता की घोषणा।

वर्ष	घटना
1779 (26 अगस्त)	मानवाधिकार सम्बन्धी फ्रांसीसी घोषणा।
1799-1839 ईस्वी	पंजाब में रणजीत सिंह के अधीन सिख-राज्य।
1848 (24 फरवरी)	फ्रांसीसी गणराज्य की घोषणा।
1861 (मार्च)	इटली में राज्य की स्थापना।
1865 (31 जनवरी)	संयुक्त राज्य अमेरिका से दास प्रथा की समाप्ति।
1869 ईस्वी	मोहनदास करमचन्द गाँधी का जन्म।
1871 (जनवरी)	इटली का एकीकरण।
1882 (जुलाई-सितम्बर)	इंग्लैण्ड का मिस्र पर अधिकार।
1885 ईस्वी	भारतीय राष्ट्रीय कांग्रेस की स्थापना।
1910 (अगस्त)	जापान का कोरिया पर आक्रमण।
1914 ईस्वी	प्रथम विश्व युद्ध का प्रारम्भ।
1917-1948	महात्मा गाँधी के नेतृत्व में भारत में राष्ट्रीय मुक्ति-आन्दोलन; भारत की स्वतंत्रता और गाँधीजी की हत्या।

●●●

11

चयनित पुस्तक सूची

हिन्दी भाषा में

- अ०ज० मानफेद और अन्य, संक्षिप्त विश्व इतिहास, भाग एक और दो, प्रगति प्रकाशन, मास्को, 1980.
- कार्ल मार्क्स और फ्रेडरिक एंगेल्स, संकलित रचनाएँ, खण्ड एक से तीन, प्रगति प्रकाशन, मास्को, 1978.
- कोमोरोव, ए०न० तथा लित्मन, अ०द०, मोहनदास करमचन्द गाँधी का विश्व दृष्टिकोण, मास्को, 1969.
- जयचन्द विद्यालंकार, भारतीय इतिहास की रूपरेखा, खण्ड प्रथम व द्वितीय, इलाहाबाद, 1933.
- पांडुरंग काणे, धर्मशास्त्र का इतिहास, पाँच खण्ड (अर्जुन चौबे कश्यप द्वारा हिन्दी में अनुवादित), हिन्दी समिति उत्तर प्रदेश, लखनऊ, 1973-1980.
- रवीन्द्र कुमार, भारतीय संस्कृति के पाँच हजार वर्ष, डायनामिक पब्लिकेशन्स (इण्डिया), लिमिटेड, मेरठ, 2003.
- रवीन्द्र कुमार, शान्ति की ओर, भाग एक व दो, लव एण्ड कम्पनी, मेरठ, 2001-2002.
- राधामुकुन्द मुखर्जी, हिन्दू सभ्यता, राजकमल प्रकाशन, दिल्ली, 1983.

In English

- Agrawal, D.P., Coper-Bronze Age, New Delhi, 1971.
- Allchin, B.R. The Birth of Indian Civilization, Harmondsworth, 1968.
- Bailey, H.W., The Culture of the Sakas in Ancient Iranian Khotan, New York, 1981.
- Bettany, G.T., Encyclopedia of World Religions, Victory Books International, N.D., Reprint, 1991.
- Chattopadhyaya, Debiprasad, A study in Ancient Indian Materialism, New Delhi, 1959.
- Childe, V.G., New Light on the Most Ancient East, New York, 1957.
- Dyhouse, C., Girls Growing up in Late Victorian and Edwardian England, Routledge and Kegan Paul, London, 1981.
- Eisler, R., Loye, D., The Failure of Liberalism : A Reassessment of Ideology from a New Feminine-Masculine Perspective, 1983.
- Eisler, R., Loye, D., The Chalice and the Balde : Sex, Evolution, and Transformation, Harper and Row, San Francisco, California, 1986.

- Gandhi, M.K., An Autobiography or The Story of My Experiments with Truth, Reprint, Ahmedabad, 1990.
- Ghalib, M., Life and Letters, Delhi, 1969.
- Gilbert, S., Soldier's Heart : Literary Men, Literary Women, and the Great War, Signs, 1980.
- Gimbutas, M., The Goddesses and Gods of Old Europe, University of California Press, Berkeley, California, 1982.
- Huston, N., The Matrix of War, P. Today, 1985.
- Jittasubho, Luangpor Teean, Teacher-Teaching, L.T.J. Foundation, Bangkok, Thailand, First English Edition, 1997.
- Karambelkar, V.W., The Atharvavedic Civilization, Nagpur University, Nagpur, India, 1959.
- Key, E., War, Peace and the Future, London, 1916.
- Kumar, Ravindra, Gandhi and Gandhism, Part-1, World Peace Movement Trust, 2001.
- Kusumgar, S. and Agrawal, D.P., Prehistoric Chronology and Radiocarbon Dating, New Delhi, 1974.
- Laszlo, E., Cybernetics in an Evolving Social System, Kybernetes, 1984.
- Marshall, J., Mohen-jo-Daro and the Indus Civilization, Volume I to III, London, 1931.
- Masson, U.M., Central Asia and Ancient East, Moscow, 1964.

- Naipaul, V.S., India : A Wounded Civilization, Harmondsworth, 1977.
- Narain, A.K., The Indo-Greeks, Oxford, U.K., 1957.
- Nehru, Jawaharlal, The Discovery of India, Third Edition, London, 1951.
- Plamenatz, J., Man and Society : A Critical Examination of Important Social and Political Theories from Machiavelli to Marx, Longman, London, 1963.
- Radhakrishnan, S., The Hindu View of Life, Blackie House, Bombay, 1983.
- Radhakrishnan, S., Towards a New World, Orient Paper Backs, New Delhi, 1983.
- Rao, M.S. Nagaraja and Haloholra, K.C., The Stone Age, Poona, 1965.
- Russell, W.H., My Diary in the Years 1850-9, Volume I and II, London, 1960.
- Savarkar, V.D., Hindutva : Who is a Hindu? New Delhi, 1989.
- Singhal, D.P., India and World Civilization, Volume I and II, London, 1972.
- Wheeler, M., The Indus Civilization, Cambridge, U.K., 1968.
- Yun-Shan, Tan, China's Civilization, The S.I.C.S., First English Edition, 1949.

●●●